백성 국민 앞에
죄 지을 것인가

역사는 말한다

백성 국민 앞에
죄 지을 것인가

초판 1쇄 인쇄 2025년 09월 10일
초판 1쇄 발행 2025년 09월 25일

신고번호 제313-2010-376호
등록번호 105-91-58839

지은이 윤병영

발행처 보민출판사
발행인 김국환
기획 김선희
편집 현경보
디자인 다인디자인

ISBN 979-11-6957-368-9   03810

주소 경기도 파주시 해올로 11, 우미린더퍼스트@ 상가 2동 109호
전화 070-8615-7449
사이트 www.bominbook.com

역사는 말한다

백성 국민 앞에
죄 지을 것인가

윤병영 지음

"정치가 국민 눈물 닦아줘야 하는데
눈물 낳게 해서 되겠는가?"

보민출판사

사람이 평평한 땅만을 생각하지만 우주 공간에 별이 있고 수많은 별의 운집이 은하계를 이루어 138억 년 태양계에서 3번째 행성축 23도 5부 기울어져 한 바퀴가 24시간 밤과 낮 태양을 중심으로 하여 한 바퀴 회전이 1년 12달 365일 약 5시간 48분 되며 지구 공전 계기로 봄 여름 가을 겨울을 4계절 순환의 범주(範疇)에 벗어나지 않는 연속 한 해 한 해 살아 나이 들어간다.

또한 장대(壯大)하고 엄존(儼存)한 햇빛 대기권 공기 물 베풂 속에 지구의 대자연은 상서롭고 생명체를 포용(抱擁)하여 오만하거나 거만하지 않은 정연 질서 있게 생명체는 연속성의 철칙(鐵則)인 동시 순수한 자태로 진화하는 반면 인간은 대자연의 알던 모르던 자연 속에 하늘이 주는 천혜 상관관계에 우주 공간에 살아가는 바이다.

사람이 살아가는 일생의 삶이 사계절 봄 여름 가을 겨울을 한 해 한 해를 되풀이 거듭 반복하여 살아가는 길이라 생각하여 보면 사람 일대기가 자연과 더불어 사계절과 함께 봄에는 싹이라면 사람 태어나 젖먹이가 되고 여름에 모든 식물이 무성히 자라야 가을에 결실을 맺고, 그러니까 사람으로 20세부터 70세 전 이 기간 일할 때이다. 그래서 모든 역사적 자취가 여름기에 이뤄지기 마련이라. 그리고 가을에 결실 시기 사람은 자녀 뒷바라지하고 손녀 손자 맞는 인생 황금기가 된다. 겨울은 100세 후 떠나 잠드는 시기이다.

사람이 우주와 대자연 베풂에 감사와 숙연해야 하며 겸허와 겸손으로 선한 마음에서 살아야 할 의미이며 규율 질서 윤리에 벗어나면 천벌을 받는다. 선해야 편하다. 서로가 존중되어야 하며 존중해야 한다. 사회공동체 삶에 법질서는 필연적으로 지켜야 하며 공동체 관계는 공평으로 그 等價 가치의 균형 균등을 의미해 공정과 정의로운 사회 즉 법 앞에 모두 공정과 평등해야 천평칭 원리 의미를 말함이겠다.

악행(惡行) 탐욕 집착에 의해 거짓 횡령 위조 살상 부정비리 폭력 도덕률 윤리에 반하는 개인 국가 사회 해악한 악성(惡性) 행동이 공동체 불안을 야기한다.

"順天者는 存하고 逆天者는 亡하느니 올곧은 나무 굽은 나무는 바라다봄이 다르다."

공동체를 해악 좀먹는 필요 없는 인간들에게 중벌 영원히 분리도 필요하다.

끝으로 국가 지도자 여하(如何)에 백성 국민 삶이 어떠한 운명적 상황에 처해 이르러, 어떻게 나라를 건사하느냐에 따라 번영 행복 불행 고난 죽음 갈림길이 된다 하겠다. 지도자는 겸손한 품성 포용력 지성

실용주의를 갖춘 추진자를 말하고 싶으며 고난 역경을 아는 호화 무사인 사람과 전연 다르겠다. 선인은 "어려서 고생은 사서 하라" 한다.

<참조: 40년 이상 Scrap book, 한국사대사전, Internet>

2025년 8월

지은이 **윤 병 영**

목차

제1장

봄
(새싹 – 젖 먹는 시기)

제2장

여름
(열광에 무성히 자랄 시기 – 젊어서 일할 시기)

■■■ 제3장 ■■■

가을
(결실 시기 – 인생 황금 시기)

제4장

겨울
(잠자는 시기 – 잠든 시기)

대기는 온화하고 햇빛이 따뜻하여 지기(地氣, air in soil)
가 풀려 자연의 만물 소생하는 대기에 선(善) 착함이 눈
앞에 가득 차 있다. 자연은 인간관계 삶의 결합된 질서이
다. 연약한 어린 "새싹"이 귀엽고 아름다운 선(善) 의미
로 함축돼 착하고 올바른 도덕적 생활에 최고 이상이라.
"새싹"을 통하여 삶 바탕에서 자애심(慈愛心)을 발원하
며 생명을 중시하여 선량하고 참신한 정체성이 뚜렷한
국가의 성실한 사회(社會) 인사를 지향 목표로 심성 토
대를 생각해 본다.

봄

새싹 – 젖 먹는 시기

9살박이
– 2020년 4월 12일

●

찹쌀 바둑이 앞에
어린 것이
내가 잘못하여
동생들이 말을 안 듣는가
하소연하여 말하다

바둑이는 할닥이며
꼬리 쳐 즐긴다

바둑이 앞만
쭈그려 앉아 바라보고 있다

엄마 없는 9살박이

만물의 비

●

밤비야 밤비야
촉촉이 산과 들에
뿌리를 흔들어
잎눈 돋움이
푸르르게
꽃샘 어떠랴

꽃망우리 볼록이
터트려

논과 밭
태양의 열기를 맞이하여
힘차게 요식(要式)해

열광의 위업에
거룩한 순리 자연의
베풂이 生命요

하늘과 자연 감사를 알아야

가르침 자연의 인선(仁善)

감싸주는 계절

●

대지 온기가 푸릇 푸릇
새로운 계절을 펼쳐 놓아 바람이 냉한들
온화 훈기가 이어져 따스함에
새싹들이 계절을 보여주어 말하다

몸이 나른한데
화창한 날씨가 우리를 상기하여 주다
온유*한 바람이 아지랑이를 피어오르게
이윽고 일손이 들어진
밭에 평화롭기 그지없다

아름다운 출발(始發) 계절의
모두에 희망의 싹이
한국에 봄
어디서나 삶을 위한 거룩함

---

*온유(溫柔) : 온유하고 부드러움

마음이 다가가
- 1962년 7월 6일

●

사귀여 지난 지 오래되다
살며시 기대이니 피하지 않아
그의 마음을 알 것 같다
피하고 싶지 아니한 그 마음

이제는 잡아보고 싶은 생각이
어떠한 사람인가 알 수 있어서

흰 배나무 꽃 위에 하얀 달빛 비출 때
접동새 접동 접동 한밤중 울어주어 그 경지에
취해 잠 못 이루어지게 하는구나!

삶

●

이때 저때
그지없이
하늘을 바라본들 소용없다
메마르고 타들어가는 땅
농업인 마음 알까나?

시기의 적기 따라
희(喜)와 비(悲)를 가늠한다

먹거리 먹거리 먹잇감
흙손에
햇빛 물 공기

자연 엄중한 평범한 가치
삶의 존엄(尊嚴) 생명(生命)

농업이 천직(天職)
흙을 묻혀야 편하다
흙이 삶이다

잠자는 아기

●

天眞 浪漫 온 세상 것 다 지녀
사방팔방 펼친 팔다리
고운 꿈속에 모두를 가지다

색근 씩근 숨결 소리
모두가 제 것 태평스러워
티없이 곱게 내일의 꿈을 꾸다

착한 마음 어진 마음 너그러운 마음
생긋 웃으며 세상을 본다

세상 삶을 말없이 보여주려 한다
그래 착한 마음 간직하여
仁善의 빛을!

자라는 아기
– 2021년 6월 29일

●

창문 턱을 가까이 간 아기
간신이 일어나
신기한 듯
웃음을 띠워
손뼉을 치더니
짝짝궁을 한다

두 팔 번쩍 들어 올려
제법 만세를 하다

인공지능 AI 반도체
하는 일 지혜, 미쳐야
역으로는 가지 마라

아기 손 엄마 손
- 2022년 5월

●

엄마 손에 잡힌 아기
아장아장 걷는 아기
손짓 가리키다

하고 싶은 무엇에
중얼거리는 그 생각

마음 찬 엄마
갑자기
뒤뚱이어 뛰는 발짝
철렁이는 마음 쫓다

가슴이 벌렁이다
사랑에 손을 내민다

흐르는 애정의 가슴
한 마음이 되는 아기와 엄마

살려는 노력
- 2016년 7월 4일

●

깔려 눌러
짓밟혀도 자라나고

모질고 거친 메마른 땅
실파랭이 질경이* 민들레**

시멘트 자갈 틈 모진 자리
피운 꽃 어엿이 날리고
말한다

보시요
강인성 생명력을
아세요

---

*질경이 : 다년생 잎은 식용 씨 약재

**민들레 : 다년생 뿌리줄기 한방 강장약재

사랑의 빛

●

광야에 홀로라도

사막에 나 홀로라도

보내주는 사랑이라면

외롭지 않아

영광의 빛이 되어

사랑으로 돌아가리

저수지 위에
– 1965년 7월 중순

●

은빛 물결 위에
고요히 잔잔한 물 위
기류가 잠들어 있나 보다
모두가 조용하다

맑은 물 위 장구애비 물 위를
건정 건정 제법 걸어 다니어
처음 보는 모습에 당황케 하다

나는 걸을 수 없는데
제법 뽐내 걸어
귀이하게 들어다 보여진다

패배감이 든다
그래 너만도 못하다

삶의 적응력

먹기 위한 생체 구조의 생김

저마다 다른 특성을 생각하다

신비감에 젖어 들며 발길을 옮기다

自然의 美
- 2022년 4월 20일

●

어디서 떠났는지
앉을 듯 오르니
눈길을 끌다
유혹하는가?

평온하여
안정의 고요가 떠다녀
가볍게 보지 말라

자연의 진기(珍奇) *
7, 8년 논들녘 홀씨
아파트 자리
버들숲 푸른 숲
생각했나?

갈대숲은?

---

*진기(珍奇) : 기이하고 신기함

가상(假想)할 수 없이

자연이 살아가는 심오(深奧)[**]

[**]심오(深奧) : 철리(哲理)를 깨닫다

평온(平穩)
- 2021년 7월 11일

●

이온음이
녹아 감돌아
청량하여 싱그러움
새삼스러움 없다

바위틈 파란 이끼
온도 영양차
생명 기원
아름다운 풍치 나무숲
한들 한들 살살 꼬리 한가이

이름 모를 작은 물고기
조용히 평화로이 꼬리 저어 놀다

마음껏 너의 세상이 되어
얼음 덮인 눈 찬바람 막이

---

*평온(平穩) : 고요하고 안온함

그 속에 한가로이 자라고 있으면

머지않아

실은 봄기운이 찾아주리!

부드러운 햇살이 기를 피어나게

어루어 주는데 어디서 들려오는 리코드 소리에

귀 기울이게 하네?

두메 사람

●

깊숙이 한적한 초가 한 채

고요와 정적 속에
꼬리치며 반기는
찹쌀 바둑이

흐르는 물 바람 소리
지저귀는 새소리
다독이는 손끝에서
채소랑 작물이 어여쁘다

와서 놀고 먹고 가는
소박(素朴)*한 이웃들

티없이 자연 속에
아늑한 평온의 쉼터

---

*소박(素朴) : 꾸밈이나 거짓 없이 순진함

마음을 담은 자리

●

마음을 담아 모으는 곳
가슴을 한자리에
웃음이 피는 평온한 터

싹튼 상추잎이
애기 같은 생각에
저절로 조심! 조심 보살핌
손길이 간다

자연과 어울려 푸르러지니
언젠가 바라보게 되다

열기 세찬 비바람 거치면
땀방울 돌봄이
낱알로 되는 날
누런 갈색이 떨어진다

땀에 결실 콩과 들깨

무 배추가 제법 살찌어 가다

거짓 없이 흙의 대가(對價)

마음 자리 향기

삶이
– 2015년 6월 10일

●

　남매는 3일 후 어머니 생일 말을 한다. 동생이 "누나, 나 집수리하는 데서 도우미 일해서 얼마 받았어. 누나는 내가 식당에서 그릇 씻기, 음식 나르기 하여 받은 게 있으니 쓸 생각 말아." 동생이 아니냐, 그럼 둘이 합해서 화장품을 사드리기로 해. 언뜻 이야기를 들었다. 생일날 값진 화장품을 사서 남매는 어머니 앞에 생신 축하해하고 내드렸다. 어머니는 받아 안은 채 방으로 들어가 소리를 죽여가 통곡을 한다. 남매는 조용히 잠시 후 엄마 왜 그래? 우리가 있잖아? 어머니는 기색을 달리하여 돌아앉아 흐느끼며 웃음을 띄워 "그래 고맙다." 이것이 삶이다.

바다
– 2018년 7월 24일

●

팍 트이는 평원
드넓이 펼쳐진 푸른 물결

반짝이는 은빛 손짓
꿈! 낭만 사랑이 서린 곳

부른다 젊은이를

너그럽고 모두를 포용하여 수용한다
생명을 간직한 영혼을 담은
세상에서 제일 큰 대접

염분 어족 해초 패류 천연 진흙 속 진주
바다를 알아야 역사의 바다

물류운송 기여와 항해
사람의 마음을 담다
햇빛 바람 조수의 차 에너지

멀리 떠가는 고깃배 위 나는 갈매기

한 포기 그림을 펼쳐 보인다

바다는 허용한다

신비 어디에!

– 1957년 9월

●

해마다 생산되는 모든 것 인간 생명 연장
볕에 달구어 강인한 뿌리
보통 30~70cm
이상 파고 내린다

흙 속에 땀이 배어든
열정의 자람이

중하순 수임기 8월
뿌욱 뿌욱 하얀 꽃
여인 다이아몬드 흡사(恰似)한 꽃잎

보석보다 값진 낱알
어디에서 없이 물에서만 생육하는
신비 우리네 밥알 벼

여물음에 9월 중순 따끈 따끈한 황금볕
생명에 먹이

"뿌리 깊이 58년 8월 논산 하천" 훈련 시 발견

존경의 예찬(禮讚)

– 1917년 7월 중순

●

아픈 허리 다리 절룩 절룩
참아가며 일해낸들 누가 알리요

들밭 놓아두어 지날 수 없는 생각
우리 삶 먹거리
생의 뒷받침 애절한 손길
얼마나 알까나?

터지고 억바위 손
안타까워 존경으로 뵈인다
허리 다리 끌으시다

참스럽고 어질어 우시다
삶을 지켜주시는 손
이보다 거룩함이 있으려나

자연을 알아

●

지구(地球)에 자연 속에 사람이 머물러
지나고

대자연이 모든 생명체를 품어
보호 존재하여

천상(天上) 기상 변화 영향에 갈아입고
바뀌어 자기를 보호하며
베풀지니

그들은 하여 감사를 모른 채
이용이나 해 먹기를 하나

내려보다 천상계
염치 먹보 한심 방종(放縱)* 불순 패륜(悖倫)
알아야 자연을

─────────
*방종(放縱) : 꺼림이 없이 함부로 놀아먹음

애란와 엄마
- 2024년 10월 16일

●

애란이 엄마는 밤샘 열과 콧물 기침에 시달려 몹시 아파 시름하고 있었다. 애란이는 겁이 났다. 3학년 어린 것이 울고 싶었으나 앓은 엄마 이마에 찬 수건을 놓아드렸다. 엄마가 찬밥이라도 꺼내어 먹어라 하였으나 먹고 싶지 않아 책가방을 챙겨 나가려 하니 물이 먹고 싶어 물을 마신 후 엄마 생각에 엄마 곁에 물을 놓고 문을 나서려니 울음이 터져나왔다. 엄마 아픔에 서러워 눈물을 씻으며 천천히 길을 걸었을 때 힘이 없이 땅을 내려다보고 걸었다.

교실을 들어서니 전과 같지 않은 마음이 어쩐지 허하였다. 앉아 있다 바로 선생님께 "엄마가 얼굴이 붉고 콧물 기침에 아파해요. 선생님 집에 가면 안 돼요?" 아이들 실태를 잘 알고 있는 선생님은 알았어. 잠시 후 애란이 엄마가 아파하고 있어 계속 조용히 공부해요. 잠깐 다녀올게 하며 마스크 쓰고 나서 애란이와 나와서 약방에 약을 사서 가까운 이웃이라 황급히 집에 이르렀다.

엄마 이마에는 수건이 그대로 놓여 있었다. 애란이 선생님 오셨어 일어나. 엄마는 일어나 앉았다. 선생님은 걱정 마시고 편히 하세요. 환절기 감기 같아 감기약을 샀어요. 바로 따뜻한 물과 약을 드리고 걱정 마세요. 쌀을 안치고 버튼을 누르시고 애란아, 따뜻한 식사 드려. 오늘 학교는 오지 않아도 되니 엄마 살펴드려 당부하시며 학교로 향하시는 선생님이 그렇게 고마움이 차올랐다.

애란이 엄마를 위해 생각 끝에 썰어놓은 김치속을 빼내어 두부 달걀을 넣어 생전 끓여본 적 없는 국을 끓여 이때 엄마는 잠시 잠이 들었다. 선생님 말씀대로 따끈한 밥과 국을 늦게나마 드렸다. 엄마는 맛있다. 애란이는 기분이 좋아 엄마와 함께 아침을 먹었다.

전철 안에서 한 40대 여자분이 자리를 양보해
노인에게 자리를 권하니 보기도 좋았는데
곁에 있던 젊은 여인이 그 자리를 앉아
그렇게 해야 하는가?
자리를 양보한 분은 어떤 기분일까?

장마 속에 왜가리
- 2020년 8월 7일

●

출렁이며 흐르는 한강뚝 갓
홀쭉하게 젖어 서 있는 외로운
한 마리 왜가리 어찌하여야 할지
모른다…

흠벅 뒤집어씌워 젖은 깃털
왼발 다리 깃털 속에 넋 없이 서 있다

흘러가는 붉덩물 바라보고
어떻게 하여야 하나
어디서 먹이를 찾아
비는 얼마나 더 올려나?

어이 하나!

어디에

어린 젖먹이 시기이나 70, 80대 노년기 기력과 숨차 일할 수 없는 시기 되어 모든 역사적인 사태가 젊은이 시기 일어난 과정이므로 여름 시기로 보는 바입니다.

제 2 장

여름

열광에 무성히 자랄 시기
– 젊어서 일할 시기

조선 건국

●

조선 건국의 역사적 위업이 세종대왕의 한글창제 이순신 장군 왜적 무찌른 업적을 상기하고 싶다. 태조 이성계는 함경도 아버지 이자춘 아들로 어려서 무술 활쏘기를 잘하여 명궁이라 했다. 당시 원이 함경도 지방 점령해 쌍성총관부를 두어 통치해 이자춘은 그 밑에 천호 벼슬을 얻어 토호로 지냈다 한다.

원이 쇠퇴하자 1356년 유인우가 원의 총관부를 칠 때 그의 아버지와 함께 공적을 세웠고 61년 홍건족의 10만 대군을 무찌르며 여진족과 호남 왜구 소굴 토벌로 황산대첩 이름을 낸 싸움이다.

1388년 신흥국 명나라가 철령 이북땅을 차지하겠다고 알려와 최영 상장군이 명을 정벌하려 군사를 일으켰다. 이때 이성계 우군 도통사 되어 불가능하다는 이유로 압록강 위화도에서 회군하여 개경에 돌아와 최영 장군을 몰아내고 자기 세력을 굳건히 심어가 우왕을 폐위하고 창왕을, 그리고 이듬해 창왕을 폐위 공양왕을 오르게 하여 자신이 군사권 및 인사권을 몰아쥐었다.

이때부터 서서히 제도를 고쳐 나가 토지개혁 실시 귀족을 약화시키고 농민에 지지를 받아 승려의 노략질을 막아 기강을 바로잡았다. 이때 반대세력 충신 정몽주도 죽음을 당한다. 1392년 조준 정도전 추대를 받아 공양왕을 원주로 귀향 보내고 조선 태조가 된다. 만일 최영 장군과 함께 명을 쳤으면 조선의 영토는 달라지지 않았을까 한다. 어떤 면에 위화도 회군이나 힘의 작용 건국이며 함흥차사 참상이 있다.

건국 이념으로 친명교린(외교상 명과 가까웁게) 숭유배불(유교를 숭상하며 불교 탄압) 농본구민(농사를 본업으로 하며 백성 삶을 위함) 재위 6년 만에 왕자난에 실망하여 둘째 아들 방원 정종에 왕위 물려주어 함흥에 가 불교에 귀의하다 74세 마친다. 그러나 아버지 아들 간 알력다툼이 함흥차사의 말이 함흥에 가 있던 이성계에게 문안 배알 보낸 사신이 돌아오지 못하니 사람을 보내면 참수되어 이것이 함흥차사이다.

그러자 박순이 자처하여 새끼 말 딸린 어미 말을 함흥에 도착해 새끼를 매여 놓고 어미 말 이끌어 들어서니 서로 우는 소리를 듣고 태조는 물었다. 박순 떨어져 서로 그리워 그런 것 같습니다. 이성계는 감동하였다.

신하는 박순 목을 안 베인 이유 묻자 칼을 내어주며 용흥강을 건넜으면 살리고 건너지 못했으면 목을 베어라. 뒤쫓은 신하는 박순이 배를 타려 하자 반은 강물에 반은 배에 시를 남겼다. 태조는 건넜으리라 했다. 이후 태종이 보낸 무학대사 따라 개경에 왔어도 대면하지 않았으며 운명 일대 낮을 잠시 보았다 한다. 있을 수 없는 숭유정신도 아니다.

조선말 어떤가? 국기(國器) 면에서 나라를 다스릴 만한 국력과 기강이 어떠한가? 내정 불화로 얼룩져 가 외세에 흔들려 혼란에 개혁 변화하지 못하는 어전 환경이었다. 그런데 우리의 영원한 세계에서 으뜸가는 세종대왕께서 한글 창제에 위업을 높이 사게 되며 한편 위안과 자랑이다. 이순신 장군의 왜적 무찌른 역경의 충혼의 정신 본받을 명장이시다.

태조 조선 일대기에 보아 알력과 권력다툼 정파 권세 파란을 보게 하며 세조 1455(1년) 사육신 참사 단종 강릉 영월 귀향, 문정왕후 윤비 폐비와 10대 왕 1504년 연산군 폭정, 1630년 병자호란 국난 왕의 수치 중반기 사색당 파 파벌, 1724년 영조 산업 문화 예술 부흥시켰으나 자기 자식 잔악사 비참한 사태였고 구한말 실상에서 어떠한가 하여 본다. 때문에 조선 말엽 일본에 파죽지세를 당하는 숭유배불 세태에 조선 건국이념 오백 년 시대적 품위 사상에 물질문명을 깨어나지 않은 채 백성에 비운을 끼치는 형세는 아니인가 한다.

대한민국 건국 선포

●

조국 독립 회복이 선열의 정신이요

기미년 3.1 독립선언문 운동이

민족의 혼 민족 정기

우리의 넋 정신 지주

조국 대한민국 독립선언일

우리의 자주 자유 평화 삶이다

영국 산업혁명, 프랑스 혁명과
조선왕조 대조

●

1차 산업 농업 광업 토목 목축 건축 제조업이라면 영국이 과학 원리를 적용한 기계산업 생산 혁신 발달을 일으키게 하여 생산의 산업혁명이 기계문명의 대량생산 기초가 되었다. 17세기 중반(1733년) 존케이 북 베틀 스프링을 이용해 자동화하며 67년 하그리브스다. 8개 실을 뽑을 수 있는 방적기 동력 수차 이용한 방직을 개발하였고 1765년 제임스 와트 증기기관 개발 산업혁명 발판을 이루며 금속 이용의 산업에 공헌한 바이며 그리고 제니 증기기관 방적기는 석탄 광업 발전에 기여하였으며 79년 최초 철교 건설 80년대 기계공업화 1814년 스티이븐슨 증기기관차 성공과 1830년 장거리 철도 리버풀-맨체스트까지 증기기관 철도를 완성하였으며 제철 생산능력에 있다 하겠다.

염청탄 코크스 이용한 용광로에서 불순물 제거할 제련술 발달이 제철 생산력 발달을 일으켰고 수력에서 증기기관 나아가 전력 순으로 발전되었음을 알 수 있다. 1875년 에디슨 전기 전력을 갖추게 하는 시대 상황에 견주어 생각하여 본다.

한편 서구 유럽은 봉건사회에서 프랑스는 누적 재정 적자에 1775년 미국 독립전쟁 지원에 왕족 극심한 사치 흉작 제1성직자 제2귀족

40% 토지 소유 게다가 재정난에 귀족 왕족의 특권의 신분제도를 누리는 한편 3급 노동자 인민(플로레타리아) 재정난의 무거운 세금을 부과한다. 이들은 참정권 없이 차별화된 불평등한 사회제도 왕족 성직자 귀족 면세 특권에 이에 대한 신분 포결을 개인별 인간적 요구에 불만이 고조되어 갔다.

그러므로 노동자 인민들이 국민의회 결성(테니스코트 불꽃 서약이 진행 발전하여)이 왕권으로 무력 해산시키려 하자 노동자 인민 농민들이 구 상징 바스티유 감옥을 1789년 습격(그들이 투옥된 감옥)하여 봉건 문서 소각 시민권 선언 자유 평등 주권 또한 재산권 보호 혁명 기본 이념을 담다 루이 16세 처형되며 봉건적 부담 폐지 국민의회가 1791년 새 헌법 제정 입법의회를 국민 공화로 구성 농민이 토지 소유 유상 매각 귀족 계급에서 자유 평등 시민 주체가 되었다.

나폴레옹 집권 이념 전파

나폴레옹이 쿠데타로 프랑스 통일 정부수립 제1통령이 되어 행정 군사권 장악하여 국민 투표로 1804년 황제 즉위 이탈리아 러시아 독일 오스트리아 차례로 정복시키어 유럽을 흔들었으며 이에 유럽 국가들이 영국 중심으로 동맹을 맺고 저항하는 한편 나폴레옹은 영국에 대륙 봉쇄령을 선포한다. 그러나 러시아 원정에 실패하여 1814년 파리 함락 엘바 섬에 귀향 갔다. 이듬해 복귀해 월터루 전투에 패하여 세인트 헬레나 귀향에서 죽는다. 자유주의 민족주의 이념을 유럽에 전파한 것으로 생각한다. 1830년 프랑스에서 입헌군주제 수립(브르즈와) 7월 혁명이 잠시 군주체제기 정권을 잡는다.

영국의 자유주의

시민 권리 부여 차별 폐지 노동자 도시 상공업 계층까지 선거법 확대 1819년 빅토리아 여왕 시대 입헌 정치 세대 기초를 세우며 세계 각지 식민지 인한 찬란한 문화 시대 자유주의 경제체제 확립한다. 장기간 걸쳐 정치 변화 발전한 영국 산업혁명 프랑스 혁명이 인류의 생활 배경에 공헌을 생각하여 보아 조선왕조에서 도덕 윤리 규범적 행위나 지엄한 어전 문화의 변화 없이 세습제 연속 계승하며 사회를 지탱하는 윤리 도덕 의식이 일반적 사례로 과학의 창의 창안 고안 물질문명을 터득하지 못한 채 대대로 이어오는 영농일 뿐 삶의 질을 개척 변화할 수 없는 전혀 다른 세상 시대 환경일 수밖에 없는 삶의 실상을 살필 수 있다.

연대로 보아 순조 즉위 훨씬 이전 프랑스 혁명 일어나 농민 토지 소유 신분 철폐 자유 평등 시민주권 민주주의 진행 과정이 되었을 때 영국에 있어 17세기 중반 방직공업 발달 과정이 수력을 이용하는 동력을 과정을 거쳐 제임스 와트 증기의 원리를 1784년 증기기관 이용한 동력 혁신적 직조(織造) 산업 발전 생산하며 영국이 1830년 리버플에서 맨처스트 철도 건설은 조선 왕조에서 비교나 대조할 수 없는 시대 상황 었음을 생각하게 한다.

이같이 프랑스는 1791년 후 신분철폐 토지소유 자유 평등 시민주체 일어나는 반면 조선왕조에서 세도정치에 사회에는 탐관오리 민란 백성이 어려운 사회 불안을 엿볼 수 있다. 바로 시대 기점으로 대략 조선왕조의 시대로 하여 순조 23대 즉위(1800년) 헌종 24대(1834년) 철종 25대(1849년) 3대에 걸친(후사 없는 왕족이 등위) 정치 사회적 배경을(시대 사항별 공통점) 찾아보면 어린 군주에 왕대비의 세도정치가 국정문란 탐관오리 민생고 민요란 천주교 탄압 학살 등을 시대 상황을 가늠할 수 있고 이 같은 세속 섭정 양태는 고종으로 이어지는 반면 조선왕조가 산업혁명 기계 동력 생산능력 생활 실상에 프랑스 혁명 귀족 왕족 특권에서 벗어나려는 봉건주의 탈피하여 자유나 평등 인권 표방한 시대상 차이는 전연 다른 세상을 대조하여 극과 극의 별천지이겠다.

3대 상황별 공통점 비교
– 당대 사항별 검토하기

●

구분 재위	순조 23대 1800-1834	헌종 24대 1834-1849	철종 25대 1849-1863	고종 26대 1863-1907
연대	1790-1834	1827-1849	1831-1863	1852-1919
즉위	11세	8세	19세	12세
후사	후사 없음	후사 없음	후사 없음	명성황후 소생 순종
대왕 대비	순조의 비 순원왕후 안동김씨 세도정치 즉위하자 정순대비 수렴청정	순조의 비 순조 죽자 순원왕후 안동김씨 세도정치 풍향조씨 조만영 죽자 안동김씨 세도정치	대왕대비 순원왕후 김씨 세도정치 정치를 모르는 실권 없는 왕 재위 14년 병사 강화도령	대원군 쇄국정치 기독교 탄압 10년 후에 친정 대원군과 민비의 암투 민비의 세도정치 구한말 국력 쇠퇴 혼란

정치 사회	3정이 문란 지방 탐관오리 백성 도탄 진주민란 일어남 1811년 홍경래의 난 백성이 도탄 1819년 제주도 난 기독교 탄압	3정이 문란 국정 혼난 민생고 가중 천주교 신자 신부 학살 동국문헌 비고 찬수 글씨를 잘 씀	도처에 탐관오리 백성 착취 진주민요 일어남 정치력 부재 천주교 전파 기세 확고히 함 동학의 난 원인	병인양호 1866년 신미양호 1871년 운양호사건 1875 강화도조약 1876 임오군난 1882 (고종 19년) 제물포조약 1882 갑신정변 1884 (21) 갑오개혁 1894 (31) 동학란 1894 (31) 청일전쟁 1894-1895년 노일전쟁 1904 한일의정서 1904 을사늑약 1905

구한말 고종 왕조 및 시대 상황

●

조선 고종(1863년) 시대 이전(삼강오륜이 중국 진한시대에 거유동 중서가 공자 맹자 교리 바탕) 태조의 숭유배불 사상과 사회 기본 윤리와 도덕 덕목으로 삼아 이어짐으로 보며 세종 때(삼강행실도) 충신 효자 열녀 행위를 근본으로 하여 조선시대 바로 삼강(君爲臣綱 : 임금과 신하 간 지킬 도리, 父爲子綱 : 아버지와 자식 간 지킬 도리, 夫爲婦綱 : 남편과 아내 사이 근본 도리) 오륜(父子有親, 君臣有義, 夫婦有別, 長幼有序, 朋友有信) 서구에서 과학 원리 에디슨 전기 이용, 자유 인권 내세우는 데 비(比)하여 정신사상 바탕에서 행실을 중요시하는 근본적 사고(思考) 그리고 인의예지신(仁義禮智信, 어질고 의로우며 예절로 슬기와 믿음) 덕목이 사회 통합적 정신 이념의 행동적 지침을 강조하는 바 삶의 질적 차이가 극과 극이겠다. 그러나 선대 숭고한 사상 및 교훈의 실종이 2024년 오늘에 그 대가를 경험하고 있다 볼 수 있겠다.

반면 왕의 세습제는[변화할 수 없는 부동의 철칙(鐵則)] 궁궐의 일상에서 대신 의사와 군왕 논의가 민주국의 삼권을 대행이 되며 백성과 소통일 수 없는 실상은 엄중한 궁중 격식인 동시 반면 서구에서 점차 인간 회복 자율 인간 중심 사회 환경을 생각하여 보아 조선은 숭유정신에 배경 및 忠과 孝 家父長制 장자 대통을 중시해 男尊女卑 여성에 인식이 한 가정 종속인으로 가사 노동인, 벙어리 귀머거리 3년여야 한다는 여성에 대한 인간 존중이 무시한 참으로 기괴한 나쁜 관념이다. 그러나 선대는 사람의 품성과 행동 언행 예절을 표본으로 삼아 법 상위 개념이 "양심"이 사회 행동 삶의 통합 개념으로 법보다 인성주의 인간애 정의적 측면에서 삶이 보편적 사회의식이겠다.

끝으로 조선왕조 외세 어둡고 안으로 정치 갈등 등 시대 흐름에 기복의 파란곡절 시대상을 살필 수 있겠다. 한편 민족의 예술 문화 서예 인쇄술 금관 자기 대장경 한글 창제 기타 빛나는 찬란한 예술 문화의 정신적 자양분 가치를 생각할 수 있으나 노작 생산력 차이가 삶의 질이 전연 다른 시대 모습이다.

변화 없는 농경

●

60년 말까지 우리 농업 형태가 장기 호미 낫 도리개 굴구통(탈곡기) 소달구지 운송이 일반적이었다. 그러면서 우리를 생각해야 하는 잊거나 무시해서 아니 될 60년 말까지 우리 농업에 사용하는 농기구가 개발되지 않은 집약적 농사였기 장기 호미 낫 등 기타 도구일 수밖에 없는 영농이었다.

오늘날 한국인 현실이 있게끔 한 엄연한 우리 부모 할머니 할아버지 밤 등잔불에 배고픔, 고달픈 삶이 있어 온 선대가 있었다는 사실을 간직해야 할 선대의 뿌리를 알아야 하겠다.

"農者天下之大本" 집약적 영농 생활로서 권선징악 두레정신 관혼상제 공동체 일손 모아 협심 뚝쌓기 길닦기 다리놓기 상부상조 정신 품앗이 이웃 간 연장 빌려 서로 쓰기 계모임 정의감 생활권을 생각하게 한다.

반면 이전 서구 산업혁명 프랑스 혁명시대를 생각하여 보면 선대 생활상이 비참한 시대상 아니인가? 1830년 증기기관차가 달린다 하면 1840년 이전 제조업이 기계화 1879년 이후 전기 이용 시대 변화일 때 조정은 상감마마 성은이 망극하옵나이다. 서유럽 세상과 조선왕조 차이는 너무나 비교가 아니되 상상할 수 없는 시대 상황에 삶이다. 백성이 지도자에 영향이 되며 신뢰는 식물의 뿌리와 같다.

흥선대원군

●

흥선대원군 영조 1820년(순조 20년) 왕족, 이름 하흥 1843년 흥선 군을 책봉되며(고종의 아버지) 안동김씨 세도정치 밑에서 불우하게 불량배 어울려 자랐으며 파락호 궁도령 칭호를 받다 눈총 사랑 없이 주위 돌만이로 성장과정이 소극적 심성이 고집쟁이일 수밖에 없겠다. 신정왕후 왕대비 조씨가 추존왕의 비 접근해 둘째 아들을 고종을 후계자로 내약했다.

1863년 철종이 죽자 어린 고종이 즉위하여 정사를 대원군에 봉작(封爵)되어 신정대비는 수렴청정 선포하며 전에 행사했던 안동김씨 세도정치 숙청을 단행하며 4색(소론, 노론, 남인, 북인)을 등용케 하며 서원을 철폐하고 재정 낭비와 당쟁 요인을 없앴다.

병인양호 신미양호

●

어린 고종을 대신하여 아버지 흥선대원군이 섭정 3년 차 1866년 (고종 3년) 천주교 탄압에서 9명 신부와 많은 교인 살해하여 탈출한 리델Lidel 신부가 청국에 있는 북경 대리공사 로저스Rose 보고하여 벨로네 Bellonet가(조선 정벌 표명) 침범하여 양화진 서강까지 퇴각 또다시 갓 꽂진에 상륙 강화부 점령. 군기 양곡 서적 약탈 관아 불 질러 물러나 이후 정족산성 침략한 프랑스군은 사격에 능한 양헌수에 갓꽂진에서 퇴각되었다. 이때 국보급 탈출로 보아야 할 바이다.

1866년 미 상선 서어먼호가 평양 부중문까지 들어와 서어먼호는 불태워졌다. 행방을 알아내 북경 주재 미 공사 로오Low는 아시아 함대 로저스에 특명을 내려 코로라도호 이끌고 1871년(고종 8년) 통상협상 요구를 거절하자 소형 선박 4척 강화도 초지진 혈전에 광정진 함락되어 다음날 이염이 야습에 물리쳤다. 조선에 대장급 2명 장교 3명 미군 대위 2명 전사 10명 외국 사절을 거절을 비난해 떠났다. 이 전투를 대원군은 양이 척화비 각지 세우며 쇄국정책을 강화했다.

군함에 대한 놀랄 만한 인식과 무기체계에서 어떤 발견 착안 없이 물질문명 개척이나 물질주의 열악이 후진적 조선 무기체계 화력에 대해 알아차리지 못한 아둔한 감각이 어디에 있는가? 그처럼 맹문이었나? 발달한 함대 위력에 무지함이나 통상 거래 거절해 국력을 강화하지 않아 일본 계략에 속수무책 쇄국정책이 후대 암흑 수난에 참상이 되었다 볼 수 있다.

운양호 사건

●

외교를 감시하자 일본의 정세는 변화하며 모리야마가(대원군이 세력 확대하기 전) 계략 친서를 받아들여 군함 3척이 강화도 난지도 부근에 운양호가 정박하게 되어 병사가 초지진 포대까지 연해를 탐색하여 조선 수병이 총포를 가하여 발생한 사건이며 일본은 강제로 1875년 강화도조약을 체결하여 자본주의 국가에 문호를 개방하게 한다. 여기서 일본이 운양호에서 을사늑약 30년간 대륙진출 야욕과 조선을 농락하려는 계기가 나타남을 생각하게 한다.

임오군란

•

즉 1882년(고종 19년) 강화도조약 이후 대원군이(1873년) 은퇴되고 민씨 개혁 개국에 매진하며 강화도조약 체결로 일본식 군대조직을 5년 후 1881년(고종 18년) 별기군 조직을 두었으며 조선에 구 6영군을 2영 무위 장어로 개편한다.

한편 별기군 우대에 미워하던 차 군량미에 신혜청 관리가 모래 섞인 봉급미 지급이(국가 기강 문제다) 신혜청 민경호에 해결책 요구가 없자 별기군 일 교관 공병 호리모도 및 13명 살해 공관이 소실되니 이를 수습 위해 고종은 대원군이 난 수습을 하려 정계 복귀하게 된다.

민비는 피신 중 청국에 원병을 청하여(일본 견제하려는 차) 군함 4척 오천 명 파병 대원군에 책임을 돌려 인질로 청에 4년 유배된다. 청국 오장경 조선은 중국 속방이라 했다. 이 난으로 청과 일본을 끌어들이는 결과가 외세 간섭 조선에 정세 변화가 되었다. 일본 하나부사 공사가 탈출 군함 4척 1개 대대 파견하여 제물포 조약을 체결을 맺는다.

제물포 조약

●

제물포 조약 1882년(고종 19년) 체결

1. 조선에 공식 사과
2. 피해 가족 부조금 지불
3. 범인 체포 처리
4. 손해 배상
5. 경우 따라 거제도 할양권
6. 성의 표시 않을 경우 무력 인천 점령

배상금 50만냥 지불키로 함

갑신정변

●

임오군란 이후 1882년(고종 19년) 민비파 사대당 민영익 민승호는 청국에 기대는 수구파로 정계 김홍집 김윤식 어윤중과 대원군 쇄국정책에 반대했던 이들 반면 일본에 명치유신을 받아들이는 개혁하려는 개혁파(독립당) 김옥균 박영호 서재필 홍영식 이들은 1884년(고종 21년) 일본 주둔군의 세력에 힘을 빌려 혁신정부를 세우려는 계책으로 우정국 낙성식에 방화 사대당 살해하려 청병 반란 허위 발설 만행에 범행이 실패하여 김옥균 박영호 서재필 소장파 일본으로 탈출했다.

새 정부수립 조각발표 1. 문벌폐지 시민평등 2. 대원군 송환요구 3. 규장각 관제 없애며 세법 개선 개혁을 요구하는 계획이다.

동학혁명

●

강화도조약에서 보듯 일본인 상인 범죄를 일본 처리하기로 한 내용에서 또 임오군란-제물포조약 등 거제도 할양권을 내세우는 조선 조정 주권이 사실상 휘둘러 무기력한 데다가 왕조는 안으로 섭정 위한 대립 갈등을 보여줄 때 서구 유럽 사회는 참정이나 인간주의 생각하게 하는 반면 조선왕조는 도덕 행위 삼강오륜 대통 신분상의 차이 남존여비 국가 기강 문란 집약농업 시대상이겠다.

당백전 주조 개혁 통용이 도리어 국가 재정 궁핍을 야기하며 갖은 명목에 세금 부과 매관매직 개항 후 일본의 독점적 약탈 무역이 경제를 약화시키며 일본인 돈놀이 추수기 2.3배 착취 조정 내정 불화, 1894년 교주 최재형 사형 교조 최재우 포, 창, 집 조직에 성공 양반계급 반항 외세 배척하여 농민들은 동학을 지지하여 나선다.

전라 고부군 군수 조병세는 박달보 물세 비리 착취 개간지 면세 약속에 징수 사회 불공정 불평등을 정봉준 관찰사 호소를 도리어 탄압 농민은 분개한 혁명운동이었다. 이에 전봉준은 동학혁명군 거창에서 정읍 장성 전주 거처 관군 홍계훈 타협하기도 하나 동학군은 공주에서 관군과 일본군에게 진압되었다. 반면 청에 후원군에 이어 대항하는 일본

군을 끌어들여 조정은 내부의 물난이 청국과 일본의 충돌로 1894년 청일전쟁이 발생하니 백성 생활을 가히 짐작하게 한다. 동학군 요구 정치개혁 비리 관리 부호들 횡포 엄정 노비문서 소각 신분 차별 개선 과부제 허용 토지 균분할 요구한다.

청일전쟁

●

　1894년 청이 공동철수를 일본이 대한다 일본이 조선을 식민지화 상업 자본시장 이용하며 대북정책이 청과 충돌이 불가피한 사실이며 일본 위험에 청의 세력이 친일 개화정권에 갑오개혁이 단행되는 동시에 일본 조종을 받은 개화정권이 청 국교를 단절한다. 전쟁에 승리한 일본이 1895년 시모노세끼 조약에서 요동반도 할양권을 받게 된다(러시아 프랑스 독일 철회를 요청한다).

을미사변

●

    일본 공사 미우라는 로국의 세력을 제거하려 1895년(고종 32년) 대원군을 재추대하여 일본군 낭인과 함께 민비를 시해한 사건으로 조선 왕실이 처참한 지경이니 나라가 어떠한 지경인가를 보여준다.

아관파천

●

　1896년(고종 33년) 을미사건으로 대일 감정이 극도로 악화하며 친로파 이범진이 러시아 공사 웨베르와 공모하여 국왕을 러시아 공사로 모시며 이로써 김홍집 어윤중이 살해되고 일부 일본 탈출한다. 이완용 이범진 친로 내각조직 모든 정치는 친러 수중에 놓이게 된다(1897년 환궁하며 연호를 광무, 국호를 대한제국, 왕을 황제).

을사조약

●

을사조약 1905년(광무 9년) 일본이 조선을 보호한다는 명분으로 강제 행위이다. 러 영 미 승인을 얻어 이토오 이등박문 파견하여 황제와 대신을 위협하에 조약체결 강요에 한규설 완강히 거부했다. 권력 약화 집권 갈등과 불화, 유교 정신 사상이 사회 통합 주체의 관념에 젖어 물질 정세 현실이 가려져 외면해 재정도 국력이나 국가 추구하는 국가주의 지향성이나 조정 안에서는 "역시 세습주의" 외세 대책 없는 무능은 "농자천하지대본" 나라 잃어 후손에 파란과 시련을 받게 하는 주권 잃은 통한이다.

한일의정서

●

1904년 일본 하야 시 강제로 한국의 독립 영토를 보증한다. 시설 개선에 대한 권고를 비롯하여 일본군에 적극 협력한다. 군략상 필요한 지점 언제든지 사용할 수 있는 것. 한로 모든 조약 협약은 무효로 돌아가고 정부의 재무 외교 주요 부분 적극 간섭할 것을 승인한다.

을사오적(五賊)

●

1905년 일본이 조선을 보호한다는 명목으로 강제 체결했다.

내무대신 이지용 군부대신 이근택 외무대신 박제순 학부대신 이완용 농공대신 권중현

1. 일본 외무성이 조선의 외국에 대한 관계 및 사무를 통리* 지휘한다.
2. 금후로 조선 정부가 일본 정부를 경유하지 않은 여하한 국제적 조약이나 약속을 할 수 없으며
3. 조선 황제 밑에 1명의 통감을 두어 조선 외교에 대한 사무를 관리하는 것이다.

36년간 일본 강점기는 강제이며 고종이 국쇄 낙인한 바 없다.

---

*사물의 이치를 통달함

간도 영토

●

간도는 4,000년 동안 한민족의 영토 무대
용정은 한국 동포들이 개척한 땅
독립운동 본거지 1905년 을사늑약
일제 강점 시기 통감부 출장소를 두어
설치해 조선 땅으로 인정했다

1909년 간도협약 통해 일본이 철도권 대가로
청에 넘겼다

고종황제는 국새 날인한 바 없다
로국 황제 친서에서 밝힌다
언제인가 되찾을 땅이다

경술 강제 병탄(竝呑) 무효화

●

강제 병탄 무효 한일 시민단체 117곳 공동선언 곳곳에서 1910년 강제 합방 조약 100년이 된 2011년 1월 20일 일본 공식 사과를 요구하고 향후 한일관계 올바른 관계 모색 행사가 곳곳에 열렸다. 광복회 유공자 유족회 1,500여 명은 탑돌공원 3.1 독립선언비 앞에 경술국치 일왕의 진실 솔직하고 구체적인 사죄와 일본 정부의 한일합방 원천 무효선언과 국가 책임을 성실히 이행하며 안중근 의사 유해 발굴 참가에 적극 동참할 것을 5월 7일 한일 지식인 공동선언을 주도한 김영호 유한대 총장과 와세대 일본 도쿄대 명예교수 20여 명이 덕수궁 을사늑약 현장을 침묵 행진했다.

2시 서울 명륜동 성균관대 600주년 새천년 기념관 홀에서 한일 시민 공동선언을 채택했다. 이전 11시에 남산 서울 유스호텔 앞 공원에서 옛 조선 통감 관저 있었던 자리를 고증을 통하여 자리를 찾아내어 통관 관저 자리를 밝히는 표석 제막식을 가졌다. 이곳이 1910년 8월 22일 대한제국 이완용 총리대신과 일본 데라우치 통감이 한일 강제 합방조약을 체결한 장소이기도 하다. 2006년 정확한 자리를 확인한 곳이다.

28일 일본 진보 성향 사회단체 회원과 지식인들 13명으로 구성된 일본 평화 사절단이 경기 여주 명성황후 생가를 방문하기도 했다. 앞으로 일본 아베 정부 차원에서 어떤 태도를 보여주는가에 있으며 독도를 영유권 주장을 하는 일본 태도에 한국에서 마음 놓을 단계가 아니라 사실이겠다. 일본의 독도 영유권 주장이 현실에 놓여 있어 우리 국민이 이에 대한 우리의 영토 전략적 단호한 일체감을 가져야 할 바이다. 언제까지 한국이 구차한 폐쇄한 꼴을 봐야 하는가? 한다.

한일 현안(懸案)

– 38선은 미국이 그었다

●

1592년(선조 25년) 임진왜란이 일어나 경복궁 및 사찰 등 여러 곳이 소실되고 전리품으로 잔악한 코, 귀 무덤이 교토 도요토미 히데요시 사당 앞 공원 무덤을 만들며 도공을 끌어가 일본에 없던 도예 문화 발전을 일으키고 임오군란으로 인하여 제물포 조약을 강제로 식민지화하려는 조약 체결한 것이다.

일본이 1923년 9월 관동 대지진을 기인으로(基因) 삼아 조선인 2만 이상을 학살한 그들에 만행을 사과가 있었는가? 억울하게 죽은 그들의 원한의 진혼제(鎮魂祭)를 올려주어야 마땅하지 않은가 한다.

한일 현안문제에 있어 징용문제 온갖 핍박 위안부 고난 피해 고통 독도 영유권 주장하는 태도 변화 없이 일본이란 지리상 가까운 이웃이며 현안에서 거리가 먼 나라이다. 일본의 양심 있는 지식인은 부당함을 지적한다.

41년 2차 세계대전 말 군수물자 조달 위한 안성에서 장호원까지 장호원선 철길 탈취 유기가구(주발 대접 촛대 대야 일체) 일 년 농사 가을에 벼 공출 수탈로 굶주림뿐인가? 술독 조사하여 벌금형 겨울에 가마니 짜기 경험 없는 이를 알 리 있나? 43년 가을 대두 콩기름 짜고 난 깨묵 비료용인 것을 배급이라 명목으로 내보내는 잔악무도한 자들이다.

한국인이 독립투쟁에서 온갖 옥고 고문 학살 폭압에 떨어야 하며 민족 수난이었던 것 우리네 종조부는 기미년 아오네 독립만세 성지 장날 낫 베려 나오셨다 일본 경찰이 대장간 들러 그대로 체포하려는 순간 종조부께서 얼떨결에 겁에 질려 머리 목 뒤통수 젊은 나이 낫자루로 내려쳐 대려니 엎어져 그 길로 일본으로 탈출 광복되어 돌아와 보니 젊은 청춘을 잃어버린 비운에 노인이시다. 이 일본인 참회의 사죄 보여주지 않았다.

아직도 독도 영유권 시비는 지속되고 있지 않은가? 언제까지 독도를 영토 주장 괴롭히는 작태를 계속할 것인가 생각하여 보면 답답한 사실이다. 섬 지역 근성이라 대륙 침범 야만적 섬 근성이라 말한다. 그러함으로 우리는 일본에 대한 미래 지향적 우호관계 개선이 필요하나 일본 영유권 주장에 전략적 대응 고조의 단결된 국민 감정 인식을 갖춰야 하겠다. 그리고 지난날 우리 국력이 약세라 할 민족의 통한인 38선이 발현된 사실에 관하여 동아일보 워싱턴 특파원 태철수 기자의 확인한 사실 기사에서 말한다.

미국 국무성 보관된 몇 가지 문서와 회고를 통해 관계자 인터뷰에서 산실이 펜타곤 미 국무성 4층 886호실 때는 48년 광복 바로 전 8월 10일 밤 존슨 대통령 정부 국무장관 러스크 자신과 전 주한 유엔 사령관 본스틸이 2인이 입안 실무자가 되어 미국이 확정한 사실이었다. 이 당시 원폭에 일본이 항복을 전제로 전후 대책 정책에서 인도차이나 북위 16도선 남은 영국 북은 중국 또한 월남, 월맹은 17도선 분계는 54년 제네바 불운에 선물이라 한다.

우리는 늘 한미 동맹 그늘의 명분 아래 주권 국가로서 권위와 위상을 당당히 내세우기보다 철통방위 동맹이란 명제하에 콧대 행세 콧큰 소리 그늘 밑이어야 하는가 한다. 우리는 국민의 정치 진영 논리에 벗어나 통합된 우리 모습을 갖춰야 한다.

49년 전후 학생 놀이

●

초중등 여학생들이 고무줄넘기를 노래에 맞추어
삼월 하~늘 우러러 우러러 보~면
유관순 언니를 생각합니다

옥~ 속에 갇혔어도 만세 부르며~어
푸른 하늘 그리~며 숨이 졌대요

이것이 한목이다 다음 고무줄이 한 단계
올려 반목하여 가 올린다

틀리면 다른 편이 넘기를 하는 요령이
넘을 수 없는 단계까지 올려서
그제는 땅을 팔로 짚고 거꾸로 하여 줄을 넘어
다시 거꾸로 하여 원자리로 돌아가
끝이다 승자가 되다

미국과 러시아

●

1017년 10월 레에린 볼세비키 혁명이 일어나 러시아 볼세비키의 승리로 끝나 1022년 소련이 탄생되어 강대국이 식민지가 된 약소국 민족을 적극 도왔으며 1920년 들어 사회주의 공산주의 사상을 발생시겨 전 세계에 확산하였다. 1947년 미국이 트르만 독트린과 마샬플랜에서 프랑크린 루즈벨트 대통령이 소련과 협조하여서 국제문제를 해결하려던 것을 공산주의 앞세운 데 대한 소련의 팽창을 봉쇄정책으로 전환하여 미국과 소련 간 자유진영과 공산진영 사이 대립구도가 냉전의 본격적인 시작이다. 따라서 1947년 2월 대한 정책을 재검토로 한국에 특별군사위원회 구성인 미소공동위원회 결렬로 한국 문제가 1947년 4월 유엔에 이관하기로 해 7월에 미소공동위원회가 교착상태 1947년 10월 28일 해체되었다.

이로 인하여 한국의 민족 지도자들의 정부수립 견해가 광복 후 분분하며 통큰 통합이나 남한의 단독정부 수립 견해차로 발생하며 미소공동위원회 간여 기간이 45년 기점 48년 5월 10일 총선 전까지 갈등이 4년간 반탁 찬탁 논의는 우리 민족 간 정부수립 혼란 기간이 되었다.

이승만은(45년 10월 16일 귀국) 김구는(45년 11월 19일 귀국) 김구는 북한의 의석을 남기고 선거를 하는 조건이라면 이승만과 단정 정부론과 같다. 1947년 11월 14일 유엔총회의 총선 가결되어 단독정부 영구적 분단 우리의 아픈 역사이다.

소비에트 공산체제 붕괴

●

소비에트 공산주의 1917년 볼세비키 혁명 74년간 공산체제 공산주의 정치활동(북한 김일성 공산주의 체제)으로 이념적 냉전 시대 진행하여 온 종주국 소련의 연방 최고회의에서 공산당의 정치활동 정지시켰다. 찬성 283표 반대 29표 기권 52표로 이로써 이념투쟁을 벌리면서 세계사를 변화시켰던 공산주의 1991년 7월 29일 역사 속으로 사라지게 되었다.

강경 보수파에 의한 소련 쿠데타는 현지 21일 3일간의 막을 내리며 감금되었던 미하일 고르비초프 대통령이 크레렘린궁에 귀환하는 데 있으나 공산주의 정권을 추종하는 엘친과 공산주의에서 민주화 개혁하려는 싸움에서 소련 국민의 지지를 신뢰에서 승리한 싸움이다. 이번 성공의 비결은 소련의 국민이 엘친 대통령의 사임 압박에 완강히 거부했던 고르바초프 대통령이 있기에 믿음과 신뢰한 긴밀한 의지를 국민에게 전하여 꺾이지 않은 용기와 도덕 신념에 결합한 민주주의 반스탈린주의 공산주의에 저항한 개혁과 새로운 세계에 체계를 생각해낸 변화의 전환이다.

1922년 12월 30일 소비에트 사회주의 공화국이 68년 11개월 26일

만에 해체되었다. 그런데 고르바초프 이후 푸틴 정권이 들어서 다시 1
인 정치체제로 대통령 체제이며 오늘날 독재 정치체제로 3권분리 민주
체제와 다르다.

견해 분분하던 민족 지도자

●

각 곳에서 조국 독립을 위해 몸 받친 민족 지도자분! 김규식 선생과 김구 이승만 3인을 가리켜 3영수라 했다. 선생 1818년(임오군란 한 해 앞서 경남 동해)에서 태어났으나 일찍이 고아가 되어 미 선교사 원더우드 집에서 자랐으며 16세 미 루터파 개신교 계통 하나인 인문 로녹 대학 공부를 하여 22세 졸업하며 영어에 능통했다. 일제는 기독교 지도자들을 탄압 목적으로 꾸민 10.5사건이라 선생이 중국으로 가서 1차 세계대전 마무리하는 국제 평화회의 폐막까지 한국 독립 위한 일제 만행을 규탄했다.

모스크바 미소 코리아에 관한 의정서를 둘러싸고 좌익계의 찬성 반대하는 우익 사이에 치열한 다툼이 일어나는데(외세 의한 우리의 정치 능력이 없다 하여 정치적 지탱, 이를 가리켜 우익은 반탁 좌익이 친탁) 모스크바 의정서가 북한을 소비에트 남한을 미 군정 지배 간섭함을 의미하는 것이다. 그리하여 의정서에 반대하는 반탁세력이 비상국민회의 민중 지도자의 구성에 이승만 김구 김창숙 조만식 남한의 정부 발족 28인 최고 정무위원회 이승만 김구 김규식 선출한 것이었다.

김규식은 남북 통큰 정부를 먼저 수립하고 후에 반탁을 민족 자주적 해결하자며 미소공동위를 받아들여 협력하자는 성명을 발표한다. 남조선 대한민족 대표로 후 민주의원으로 명칭을 바꿔 의장 이승만 부의장 김구로 선출 그러나 이 기구가 어떤 정부수립에 기여하는 주체적 역할이 없었다.

제1차 미소공동위원회 회의가 46년 3월 20일 서울에서 열게 되었다. 민주의원 김규식을 단장으로 대표 공동위원회 대처하게 하였다. 제1차 미소공동위원회 46년 5월 6일 무기 휴회로 들어갔다. 미소공동위가 진행이 중단하는 바에는 강대국 사이의 이해관계가 충돌하는 문제이다. 하지만 민족 내부에서 미소공동위원 거론에 있어 참여론에 맞서 팽팽히 맞선 부차적인 원인이 된 것에 있어 보다 우익 진영 내부에 노선 갈등이 구체적으로 나타났다.

미소공동위 위원에 기대하지 않은 이승만은 이상 조선인 임시정부를 수립에 환상을 갖지 말자 주장하며 북한에 소비에트 정권이 들어서 단독정부를 세워 대항하자 제안한다. 이처럼 이승만은 미소공동위를 반대하면서 남한 단독정부수립을 주장하며 반면 김구는 미소공동위를 반대하면서 남북 통한 합한 정부수립을 주장하였다. 동족상잔이 일어난다 경고 예언하였다. 이승만과 김규식 김구의 견해가 각기 차이가 있는 것이다.

선생은 미소공동위에 기대하여 좌우 합작 미소공동위와 일치한 안을 미 군정청 청년 변호사 버어치 중위 남한군 점령 사령관 하지 중장의 정치 고문에 접촉하여 좌우 합작 추진안을 권고받아 합작 7원칙을 추진케 되었다. 김규식 그 선에 중도 우익 대표하는 상담을 상대하는 공산계 호응한 여운영 회담에 우여곡절 끝에 46년 10월 7원칙 합의를 발표하게 된다. 합작 7원칙 제1항 미소 의정서에 대한 지지를 밝히고 남북을 통한 좌우 합작으로 임시정부를 수립할 것을 다짐했다.

제2항 미소공동위원회 속계를 요청하는 공동성명을 발표할 것을 다짐했고 남한에 모두 정치범 석방과 정치 테러 방지 기본권 보장 등 약속이다. 토지개혁 설치 처리문제 등 새로운 구상으로 되어 있다. 그러나 7원칙에 반대가 좌우익 모두로부터 거세게 제기되며 반대 선봉에 선 공산당이 흥분해 협상자 여운영을 납치 폭행하며 여운영은 정계 은퇴를 선언한다. 한민당에서는 반대론이 커지자 한일 망명가로 명성 높은 원세동이 합작 7원칙을 지지하는 성명을 내며 탈당한다. 새로운 돌파구를 찾기 위해 46년 12월 미 군정 고문과 회담을 한미공동회담이라 불렀다. 한편 조선 임시정부 대통령으로 김규식을 추천한다는 풍문이 있다고 한다.

조용은 선생이 주장하는 삼균주의이며 민족 통합 운동 단독정부 수립 반대이다. 삼균주의 정립 자본주의와 사회주의 합작한 정치의 균등 경제의 균익권 교육의 균학권 등 개인과 개인 사이 균등 민족과 민족 사이 균등 좌우 합작 필요성 좌우가 반드시 합작해야 한다는 믿음 아래 좌우 받아들일 수 있는 이데올로기이다. 김창숙 선생 정당 거부한 老父라 하며 인공 수립에 맹비난 선비 집안에 우국과 구국운동에 참여한 분

일제 옥고에 몸이 불편하신 분시다.

　신익희 선생이 인공 타도 남한 단독 정부수립 반탁운동을 지지하며 미군정을 부인하며 임정 주권을 선언한 데에 미군 사령부에 체포되었다. 반탁 논리 설명에 풀려나 비상국민회의 2월 1일 출범한다. 이승만을 떠받치는 대한독립 촉진 국민대회 부위원장으로 추대 단독정부 수립에 지지받지 못한 이승만에게 힘이 되었다. 당시 남북 자유주의와 공산주의 이념 갈등에서 대립의 칼날 같은 상황에 처음부터 있었으나 정부가 지극히 어렵기 때문이라 본 것이다. 47년 말 48년 초 사이 남한 단독정부 수립 방향으로 건국 노선이 확정되어 가는 것이라 본다.

　허헌 남노당 당수이며 단독정부 반대한다. 46년 2월 남조선 민주주의 민족진영(약칭 민전) 남한의 좌익세력이 총집결했을 때 여운영 박헌영 백남운 김원봉 함께 공동의장으로 뽑혔다. 허헌이 민전세력에 쏟은 것으로 임정 법통을 공개적으로 부정하며 임정이 개인 자격으로 귀국해 법통을 내세우는 것은 국민 기만이라 한다. 미소공동위를 지지하는 조선 공산당 옹호한 한국 민주당을 비난의 색채를 짙게 했다.

　여운영과 허헌에게 우익 김규식 원세봉 상대로 협상할 것을 제의 허헌이 46년 6월 14일 미 군정의 실력자 버어치 중령 집에서 4인 회담이 6월 22일 열었다. 허헌이 좌우 합작의 큰 전제조건은 모스크바 의정서 절대 지지조건 마련한 절차에 따라 남북 정당 사회단체는 미소와 더불어 이승만 공개 제의한 남한 단독정부 수립을 맹렬히 비난했다. 이때부터 3주 허헌은 모습을 감추고 그때 북한에서 활동하던 딸 허창숙에 따르면 북한 평양서 김일성 지도를 받았다는 것이다.

한편 1918년 8월 20일 여운영이 신채호 조동호 김규식 신성모 등 신한청년당을 발촉해 독립운동을 위해 18년 11월 27일 간도 연해주 방문하여 만세운동 필요성을 알리고 1919년 2월 우에노 연흥공원에서 동생 여운홍에게 편지를 국내에 잠입 이상제 최남선 함태영 이갑성 궐기를 촉구한다. 장덕수는 일본에 들어가 일본 유학생 2.8 독립운동 도왔다. 안재홍 선생 대중공생 이념 좌우합작운동 신국가 건설론 제기 미군정 한국화 겨냥 민정장관 수락 남북 협상 어렵다 판단 남한 단독정부 수립 관점이다.

서재필 선생 군정 초빙으로 귀국 민주주의 계몽을 라디오를 통한 강연 개혁파 지도적 청년 1864년 전남 보성에서 태어나 충남 대덕에서 교육을 받았으며 양가 세도 있는 명분 가정이며 18세 과거 합격 校書館이었으며 개혁파 지식인과 사귀었다. 그리고 일본으로 가 육군 소년 학교에서 공부하며 국방을 굳건히 하는 생각을 하기도 한다. 김옥균 홍영식 갑신정변에 참여해 일본으로 망명한다.

한데 아무리 이념이나 본질이 참신하고 보람된다 하여도 그 수행 행위가 극단적 돌발행동이 공영 공분에 정당성이 실종된 비도적 행동 대상이라면 사태에 책임이나 공동체 부당함은 물론 인정될 수 없다. 그런데 역적으로 몰린 가족들이 고통 수난을 당하는 것으로 되어 있다.

미국으로 옮겨가 막노동을 하기도 한다. 주미 두루 거치며 최종 조지 워싱턴 대학교 컬럼비아 의과대학에서 28세 나이 의사가 되었다. 31세에 귀국하여 독립신문 창간 독립문 건립 독립협회 창설 등 자주독립 정신을 나라 안팎에 선양하며 정부 지도층 무기력 부패를 규탄 개혁정신 요구 배재학당에 젊은이들에게 자유민주주의를 가르치기도 하며 민중 운동이 확대됨에 따라 일본 러시아 반발을 되었다.

1898년 두 번째로 미국으로 떠나가 인쇄업 문방구 사업을 하던 중 3.1운동 소식이 전해지자 필라델피아 워싱턴 뉴욕 지역에서 일본 식민지 통치 야만성 만행 규탄을 했다. 중국 대한민국 임시정부와 연계를 맺기도 하며 워싱턴서 열린 태평양 군축회의 한인 독립청원서 제출한다. 25년에 범태평양 기독교청년회에서 한국 독립 연설을 했다. 그런 가운데 재산이 소진된 상태였다.

선생은 47년까지 22년간 병리의학 의사로 지냈다. 그러다 미군정이 한국 체제를 추진하며 47년 남조선 과도정부라고 부르며 안재홍을 민정 장관직을 신설해 임명하며 하지 중장이 개혁파 독립투쟁의 어른인 서재필 선생을 불러들이어 남조선 특별 의정관으로 초빙하게 한다. 또한 반역죄는 그의 공헌 말이 없다 인천항에 들어올 때 대대적인 환영을 했다. 한국 인민을 도와주려 한다고 다짐하며 서울 중앙방송국(현 KBS) 자유민주주의 이념과 제도를 설명하며 우리 국민이 걸어가야 할 길을 강의한다. 핵심은 통일 독립되며 번영하려면 자유민주주의 착실히 운영해야 한다.

미 마샬 사령관이 해군 1개 대대를 출발한 남조선 국방경비대가 47년 12월 3개 여단 규모로 커지며 해방병단으로 출발한 해군은 47년 8월 미 해군을 대신해 남한 전역을 경비하게 된다. 자유민주주의에서 자유이며 공산주의에 자유일 수 없다. 우리가 공감하는 바는 공산주의 독재 아래서 인간이 인간답게 자유롭게 자유 없으면 독립된 인격을 가질 수 없어서 국민의 힘을 모을 수 없다. 국민의 힘이 모아져야 통일 원동력이 발동하게 된다 의미를 피력한다. 나는 연로하지만 권세에 뜻이 없으며 교육과 계몽에 힘쓰고 싶다.

민족 통일이라 믿었던 김규식은 첫 단계로 좌우합작을 성사시키고 다음 단계로 미소공동위를 성사시켜야 한다는 서재필 선생에게 전했다 한다. 우리의 민족 지도의 조국 독립을 맞으려는 염원에 옥고 고문 피나는 고초와 재정난에 고난을 겪어가며 투혼에 몸 바쳐 36년간의 역경에 시간이 광복을 맞았으나 기쁨은 잠시 우리가 바라지 않던 북한에는 소비에트 공산주의자 남쪽에 미국 군정으로 외세에 또다시 38선 분단 그리고 동란에 아픔이 우리를 견고하게 성장했다 하겠다.

여기서 우리는 심도 있게 고민하여 우리는 어떻게 미래의 앞날 바라보아야 하는가? 즉 정치 현안에서 지난 흘러온 아픈 분단에서 누가 무어라도 대한민국 통일 본질과 민족 통합 기본 방향에 변함 없이 가야 할 길이다. 오늘날 국제사회를 선도할 위상으로서 계속 줄기차게 매진해야 하며 노동자 기업 대기업이 국가에 기여가 좋았잖은가 한다. 우리 정치사 과정에서 줄기차게 진영 간 갈등대립 남남 갈등은 시대 착오 발상이기 이후 화합할 문제 남남 정치 갈등 권력 자리에 첫째 권력 배제가 국민 통합에 해결할 과제이다. 이후 화합할 문제 남남 정치 갈등을 씻어내어 국가 번영을 생각하며 국민을 바라보아 융합의 상생 변화하는 미래에 과제이겠다.

민족 지도자 테러

●

고하 송진우 선생

고하 송진우 선생이 1890년 충북 단양에서 출생하였으며 구한말 동경유학 시절 김성수 선생과 동고동락 친분관계 두터웠으며 유학 후 독립을 찾기 위해 국민의 무지를 깨우쳐야 한다. 교육 언론 민족 문화에 앞장섰으며 3.1운동 참여와 중앙학교 교장 동아일보 사장으로 민족정신을 고취 발굴에 앞장서 왔다. 평북 정주 찾아가 남강 이승훈 선생에게 독립운동 참가를 권유하기도 했다. 1919년 3.1 기미독립선언에 주도적 역할을 해 3년의 옥고를 치르고 일본의 탄압에 재정난 수난을 겪은 분이다.

1945년 12월 30일 청년 테러당하며 사회가 어수선할 때 청년들이 품은 범죄심리로 동기 추락 기사다. 당시 장택상 수도청장이 조속한 검거를 강구하고 경위 수사과장 노도술 과장 직속 6인조는 강력사건을 전담해온 나는 새도 떤다는 수사단이라 한다. 단서 확보에 적십자병원 청년인 백이란 환자가 2주 지나 머물러 퇴원 않고 있는 자인데 처자가 있는 사실을 윤 간호사가 알게 되자 간호사는 쌀쌀하게 대하였다.

백이란 자 환심을 사려 선생을 암살한 것은 우리 편이라 말하여 놀란 빛을 보이자 간호사 그런 끔찍한 짓을 왜 말하니? 우린 무기가 있다. 입 놀리면 재미 없다. 선생의 경호원 배남석 김의현 신동운 박미석 유근배 이들은 사건 1달 전 선생과 주의주장(主義主張)이 맞지 않는다는 이유로 물러났다. 선생의 경호인 자가 해안경비대 입대하는 사실을 알아(미군 당국에 협조를 요청하여) 이전 경호 맡았던 인물 김일수를 열차 안에서 임의동행하여 그런데 종로에서 김의현에게 송진우를 누가 암살했냐? 그런 것을 왜 내게 물으냐? 누구면 알아서 무엇할 테냐? 당황하여 달아났다.

백남석이 십자병원에 입원자 동일 인물로 판단 김일수가 신동원과 백남석을 잡아들이면 알 것 같다 진술한다. 최난수 6인조 수사진 훤히 정치 관련 청년들을 알아 미행하여 이들을 검거했지만 시인을 아니하고 용의자 배후를 불지 아니하였다. 좋은 어떤 방법을 논의 끝에 이들이 죄가 없다 석방하고 뒤쫓아 살피기로 석방하여 탐색하니 한미 호텔에 용무 없이 상주하다시피 드나들며 돈을 물 쓰듯 한 사나이를 알았다. 도착지가 신당동 404 2층집 일본인 살던 집이며 이웃 주민이 집 안에서 총소리가 난다 했다. 문틈으로 들여다보니 과녁에 권총 사격 연습을 하는 것이다. 한데 1개월간 끈질긴 탐색에서 신동운과 백남석이 드나드는 사실을 형사대는 알았다. 인천에서 유근배 범인 한현우 집에서 한과 김의현 이창희 김인성 3개월 8일 만에 일망타진하여 검거했다.

46년 9월 권총을 불법 소지한 제1회 공판에서 전백에게 한현우 요인 암살계획 왜 말리지 않았는가? 벌써 결심이 굳게 된 것을 말린들 소용없다고 생각했기 때문이라 했다. 한현우에게 언제 주었는가? 45년 10월 상순이라 말했다. 고장 난 것 같아 수리하여 달라 부탁하며 10만 원 현금을 준 것을 경찰에 진술했다. 무엇에 쓰라고 계몽의숙(啓蒙義 塾) 청소년 훈련한다기에 대답 또한 송진우 선생(공산 사상자 여운영 박헌영) 살해계획에 찬의를 표시한 사실로 진술했다.

　　1차 선고 공판에서 한현우에게 그 같은 악착스런 계획을 방지했다 면 비참한 사실이 발생되지 않았을 것이다. 7년형 구형하노라. 전백에 게 살인방조 불법무기 소지 징역 5년 선고한다. 2심에서 한현우 5명 1 심과 같이 선고받고 대법원에서 이상기 대법관 주심 한현우 유근배에 게 15년형을 확정했고 전백 2심대로 5년형을 확정했다. 그러나 48년 8 월 15일 정부수립 및 광복절 특사로 모두 풀려난 것이다. 한현우는 일 본에 가 있다 돌아왔단 말이 있어 일본으로 갔다 한다.

설산 장덕수 암살

　　선생은 동학혁명 청일전쟁이 일어난 1894년 황해도 재령에서 태어 나 가난해 어려서 독학으로 공부를 하였으며 관임관에 합격하며 일본 와세다 대학 정치경제학을 1916년 23세 2위로 마친 수재이다. 동경에 수학 중 지우 김성수 송진우 민족 지도자를 만나며 김성수 선생과 친분 관계이라 한다. 일본에서 2.8 동경 유학생 독립운동에 관여 서울에서 이상재 선생과 귀국해 여운영 김규식과 신한청년당을 조직하며 1920 년 4월 동아일보에 26세 나이 창간 주지 '설명하노라' 창간사를 썼다. 3.1 독립운동 직저(直著)하여 붙잡혀 전남 화의도로 유배를 당하기도 한다. 국산품 애용운동 조선물산장려운동 등을 주도했으며 조선노동공제회의 청년회를 조직하기도 하며 워싱턴에서 열린 군축회의 조선청년 대표로 독립청원서를 제출하기도 한다. 영국 미국 유학길에 42세 1936년 미국 콜럼비아 대학에서 경제박사 학위를 받았다. 광복이 되어 송진우 선생과 함께 한국 민주당을 창당하는 데 앞장섰다. 자유민주주의 신념이 강한 정신에 친공적인 것은 수려될 수 없었다.

한국 민주당 정치부장 장덕수 1947년 12월 2일(52세) 오후 6시 선생은 탁치 없는 조선 독립안(마샬) 제안 유엔 감시하에서 남북 총선이 가결된 지 18일 만에 사건이다. 그의 집이 고대 맞은편 포도 앵두밭 미나리 채소밭 사이 띄엄띄엄 몇 채 안 되는 언덕박이 개나리 울타리 반양옥 한 채이다. 김성수 선생이 큰아들 주려고 사놓아 둔 집이다.

20대 청년은 검정테 안경에 경찰관 차림의 외투를 입고 오른쪽 어깨에 칼빈총을 메었고 다른 하나는 국방색 양복에 긴 자락 검정 외투를 받쳐 입은 자였다. 장 박사님 계신가요? 어디서 오셨어요? 아내 박은혜(43) 경기고등학교 교장은 물었다. 동대문서에서 왔어요. 경찰복이라 들어오라 허락하며 손님을 맞은 설산 선생이 전해 듣자 선생이 고개를 갸웃둥하며 이상히 여겼다. 없던 약속 이야기를 꺼내 들어 선생은 손님이 계시어 내일 군산 갈 일이 있어 만날 일이면 모래 오세요. "갑시다." 돌아서는 순간 칼빈총을 잡아 2발을 쏠 때 곁에 있던 사복차림인 자 외투에서 권총을 꺼내 5발 쏜 거리는 1m 바로 앞이었다. 아이쿠~ 하며 마룻바닥에 쓰러진 선생은 2~3분 사이다. 아랫배 관통이다. 병원으로 가던 중 운명하셨다. 정치요인이 암살이 자주 생긴다는 것은 우리가 다 같이 생각해야 될 것이 적지 않다. 이승만 생각에 있어서 김구는 재령에서 보강학교를 창설했을 때 덕준형 따라 교사로 있을 때 덕수는 공부를 했다. 잇단 흥변은 암살범 배후 발본색원 안 한 탓 여론이 들끓었다.

47년 12월 2일 밤 그날 밤 8시 수도관하 2천 800명 전 경찰에게 비상인원 점검령을 내리며 10개 경찰서 별로 세밀점검을 한 결과 8명이 소재 확인이 안 되어 그중 범인과 엇비슷한 점을 발견했다. 박광옥 무기대여 대장에 칼빈총 지급 반환되지 않은 사실을 알고 유력 용의자로 지목 정동에 셋방에 들어오지 않았다 대답 낙원동 여관에 드나들었다 사실 알아 기습하나 없었다. 그곳에 2명 하나가 서울 문리대 2년 여관 주인 외아들 박과 친구인 자 이를 추궁하자 아닌 밤중 홍두깨 밤 샘 뒤 혹 한양병원 소재를 알아 형사대는 덮쳤으나 바로 전 병실을 빠져나갔다.

12월 4일 오전 10시 중부 경찰서 필동 파출소 백일현 경사는 2명과 필동 2가 유봉린 집을 수색 방문을 열었을 때 질겁질겁을 낸다. 잠바차림 청년 상업 국방색 차림 청년이 정릉에 살며 학생이라 집주인에게 소품을 가져오라 해 손수건에 물건 꾸러미를 가져왔다. 은백색 권총 한 자루 경찰수첩이 나왔다. 한 사람 호주머니 뒤져 검은테 안경을 찾아냈다. 당신들이 그랬군! 고개를 떨구었다. 하나는 배희범 연세대 상과 3년 밝혀졌다. 일당 최중하 조화 박소응 김철 검거했다.

한국 독립당 소속 독립운동가에 총격 암살사건이며 장덕수는 한국 민주당 임정봉 대론을 임시정부 추대하는 분이며 한국 독립당이 임정봉 대인들을 적대시하였고 이후 철회되었다. 이승만은 미소공동위원 참가 보류를 강하게 주장한 분이다. 선생 등 요인 암살 목적으로 1947년 8월 한양의원에서 대한혁명단을 조직했다 한다. 그리고 김석황은 한국독립당 중앙위원회 국민의회 정무원이었다.

48년 4월 22일 존 하지 군사위원회의 판결을 검토한 후 중앙청 공보부 통하여 다음과 같이 최후 조치를 발표한다. 박광옥 배희범 사형을 승인한다. 그 집행은 추후 재심 시까지 보류함. 김석황 신일준 김중옥 최중하의 사형은 종신으로 감형함. 조항 손정수 사형을 10년형 감형함. 조엽 박정덕 10년형 5년 감형함. 그런데 박과배 김석황이 동란 시 대전에서 집행했다.

백범 김구

백범 선생은 1876년 황해도 해주에서 출생하셨으며 1919년 3월 1일 기미년 독립운동 이후 중국 상해에 임시정부를 수립하고 상해 진강 장사 광주 기강 중경 등으로 옮겨가며 피란의 고난을 겪으시며 독립을 위한 투혼을 바치신 민족지도자였다. 1945년 8월 광복까지 26년 임정을 지켜오신 분이었고 황해도 해주 백운방 텃골에서 탄생하시었으며 18세 동학군 선봉장으로 해주 관영을 습격하였으며 19세 의병으로 압록강 기슭에 있는 만주에서 왜놈과 싸운 행동하는 의인이었다.

32년 1월 이봉창 의거 32년 4월 중국 홍국공원에 윤봉길 의사 폭탄 투척 거사를 지휘하였으며 45년 11월 23일 임정요인과 김포공항에 입국하여 내리자 엎드려 조국땅에 얼굴을 댔다고 전한다. 얼마나 그리운 땅이었나? 민족자주 반탁에 나서 두 정부가 세워지면 동족상잔 초래할 것을 예언하며 남북통합 정부수립을 주장하신 분이시다.

48년 4월(김일성과 남북협상)에 김규식 김창숙 선생과 평양에 들어가 남북협상이 무의로 끝났고 그 이후 남북협상 회담이 단절되었다. 1949년 6월 26일(73세) 서울 경교장에서 2층에서 괴한 안두희 내려와 군복차림을 한 다른 자들이 감싸 탈출했다.

백범의 어록

나의 소원은 우리나라 대한의 완전한 자주독립입니다. 동포 여러분! 나 김구의 소원은 이것 하나밖에는 없다. (47년 나의 소원)

나는 우리나라가 세계에서 가장 아름다운 나라가 될 것을 원한다. 오직 한없이 가지고 싶은 것 높은 문화의 힘이다. (47년 내가 원하는 우리나라)

너와 나의 동지는 오직 통일된 자주독립 자주의 민족국가를 완수하기 위해 여생을 바칠 결심을 하고 귀국했습니다. (45년 11월 23일 성명)

마음속에 38선이 무너지고야 땅 위에 38선도 철폐될 수 있다. 나는 통일된 조국을 건설하려다가 38선을 메고 넘어질지언정 신에 구차한 안일을 취하여 단독정부를 세우는 데 협력하지 않겠습니다. (48년 2월

10일 삼천만 동포에 고함)

나는 한국인 불살 한국인이라고 주장한다. (48년 3월 21일 성명)

조국이 없으면 민족이 없고 민족이 없으면 무슨 당 무슨 주의 무슨 단체 존재할 수 있겠습니까? 그러므로 현 단계에서 있어서 우리 전 민족의 유일한 최대 과업은 통일 독립의 쟁취인 것입니다. (48년 4월 23일 평양 남북 연석회의 연설)

백범 살해범

안두희 43년 만에 배후에 입을 열었다. 단독정부 반대 제거하라. 지령 발언. 고위층 타공 마음 읽고 결심이라 배후 있었지만 직접 지령은 안 받았다고 진술하다. 미 CIA 중령도 살해 강력 암시 김창룡 백범 밑에 빨갱이 득실 金昌龍 육군본부 정보국 방첩대장 지시 범행 후 안 의사 수고했어라고 칭찬.

안두희 두 달 전 49년 4월 말부터 5월까지 4, 5차례 김창룡 만나 집중 세뇌받았다. 그 당시 안두희 아버지는 신의주 구리 수집상을 해 한독당 독립운동 자금을 주었다고 하며 선생을 가까이 모시고 싶었다. 백범 선생이 말을 듣고 반색하기도 했다 한다. 백범 선생에게 접근방법을 찾아보라 말을 듣고 49년 2월 한국당에 입당했고 김학규 한국당 조직부장 소개로 백범 선생을 만나다. 진술에 단독정부 반대자 제거하라는 지령이라 한다.

광복 무렵 생활 실상

●

이전부터 2차 대전 일본에 식량 약탈에 농촌이 피폐하며 일상생활 궁핍하였기에 소나무 얇게 베어 말린 유황 묻혀 불쓰기 6.25 당시 화로에 불씨 묻어 밑불 쓰기 치약 대신 소금 양치질 약이라고 민간요법이며 다야증이란 알약이 만병통치약으로 쓰이기도 하였다. 봄 춘궁기 보리는 누렇게 될 쯤 식량이 바닥나 장래쌀 방법 쌀 한 가마니에 가을 5말 웃 얹어 주는 방식 보리 베어 볶아서 절구질하여 먹는 것이 보릿고개이며 바로 6월 중순경이었다.

산에 무릇이란 마늘 크기만 한 알통 뿌리 캐다가 삶아 쑥과 엿 질금으로 고아 달큰한 그 물쑥을 먹기도 보리방아 찧은 고운 겨를 반죽하여 쪄서 깔깔한 개떡이라 먹기도 했다. 물이 닿는 구래논 이외에 대부분 천수바라기 6월 말 이양 시기 지나 심어야 잘 되어야 논 150평 벼한 가마니 소득이니 생활이 쌀 퍼내어 생활비 쌀로 쓸 용돈 쓰고 나면 쌀이 남는 게 없다. 그러자니 식량 부족일 수밖에 없는 농촌의 실상이겠다. 우리 선대 할머니 할아버지 부모님 세대에 전깃불 전화 가전제품 없는 세상 수고와 일만 하시는 삶 우리는 머리 숙여 성스러움을 생각하면 잡수시는 3끼의 식사가 열무 배추 무 채소 어디서 육식 고기이며 입는 옷이라야 여름 일에 찌든 중이 접삼 봄부터 일 년 내내 손이 가야 생활할 환경에 너무나 수고의 어려움을 겪으시며 겨울에는 온 가족들의 솜바지 저고리 찬물에 세탁하여 다듬이질로 구김살을 펴서 등잔불 곁에서 바늘로 꿰매어 내어도 불만 없이 그 업적이 우리가 존재할 현실을 있게 하신 위업을 우리 세대 후대에도 알아 잊지 않아 오늘날 공동체에서 먹을 만큼 가져 배려하여 탐욕 사악 악행을 경계하여 선조의 사회적 통념적 양심의 가치 정의감 정감 다시 찾고 싶은 나라 자산으로 삼아 한국인의 자존과 자긍심 머리가 뛰어난 한국인 우수성을 보편의 가치로 기리는 것입니다.

국부 이승만(부정이 빚은 사태)

●

　우남 초대 대통령은 조선 개항을 강요하던 1875년 황해도 양령대군의 16대손 청일전쟁 갑오경쟁 있던 1894년 배재학당 신학문을 배우고 배재학당 영어 교사를 했다. 서재필 선생을 스승으로 독립협회의 만민공동회 운동에 참여 싸우다 투옥되기도 하며 기독교 세계관이 반공친미로 이끌었다. 대통령은 소련의 공산주의 팽창을 미국에서 귀국 전 경계했다. 이미 북에서 공산주의 정권이 수립되었기 때문에 단독정부 수립을 남한만이라도 정부수립을 주장한 분이며 48년 8월 15일 정부수립 초대 국부 대한민국 대통령으로 취임하였다.

　괴뢰 남침 50년 6.25전쟁이 국민 시련과 참상의 비극 휴전까지(53년 7월 27일 낮 12시 기점) 국가 수호에 고심하신 대통령이었으며 53년 6월 18일 새벽 영천 대구 상무대 논산 마산 부산 부평 7개소 포로 2만 7,092명 반공포로를 역사적 석방을 단행한 위업을 떨치셨던 분이다. 52년 3월 14일 동란 중 부산 개헌 파동에서 직선제 개헌 위한 폭력 행사로 부통령 이시영 사임하며 54년 11월 해괴한 4.4.5 반올림 법 개헌을 자유당이 추진하여 장기집권 유래 없는 개헌이 부정선거 계기가 되었다.

즉 1954년 11월 29일 3선 개헌안 이 대통령을 3선 길을 터주는 개헌안이 국회 재적 203명 가 중 135표 부 60표로 부결됐으나 135를 이틀 후 29일 부의장 최순주는 45인으로 발의 반올림하여 136 셈법으로 하여 가결을 선포한다. 135인 사람이 숫자로 이용하되 반올림법 숫자상으로 1명을 추가해 136명을 만든 기상천외한 3분의 2란 술수를 이승만 대통령이 거부했다면 수유리 묘지가 있을 수가 없었을 것이다. 58년 8월 국가보안법 경찰 헌병 삼엄한 경비하에 자유당이 단독 처리를 강행하였다.

부정이 빚은 사태

야당지로 국민 다수 여론을 활동을 벌여오던 경향신문이 이 대통령 기자회견 보도하는 데 오류를 범했다고 하루아침에 기습 폐간하여 미국 조야에서도 경고적 관심이었다. 58년 자유당 9차 10월에서 세 번 연기 이듬해 59년 3월 전당대회에(여야 정부통령제 폐지 합의됨) 당무 처리 앞서 정부통령 후보로 긴급동의 형식으로 이기붕 지명한 것은 정치적 도전이며 1,800명 각지 대의원 당 간부 중견의원도 모르는 청천벽력 지명을 누구도 진부를 말이란 불충이니 거역하지 못했다. 전당대회 전날 밤 서대문 이기붕 의장 집에서 준비협의가 있었다. 실시 시기는 대략 60년경 5월로 생각한다. 이 작품은 내무부장관 최인규에게 진해 별장에서 이 박사 지시하면서 정부통령 후보로 지명할 것을 토론도 없이 요청했다.

자유당 대통령 후보 이승만 부통령 이기붕 민주당 조병옥(돌연사)

부통령 장면 외 부통령 후보 김준연이었으며 선거 1달 전 60년 대구 수성천변에서 장면 유세에 참석자가 많을 것을 예상하여 일요일 학생 등교까지 말이니 대구 경북지역 최초 2월 28일 민주화 운동이 일어난다.

3월 15일은 맑고 바람 불어 쌀쌀한 날이다. 투표장 들어서니 3, 3, 5 짝짓기 대리 버젓이 얼마던지라 한다. 미심쩍고 석연치 않은 무엇인가 있다. 결국 어부가 바다에서 그물에 걸려 고교생 김주열 시신이 마산에서 나오자 마산 부산의 불길이 수도 서울 옮겨 전국에 확산되었다. 학생들이 주장하고 불의에 싸우는 것은 짐작이 간다. 정의의 분화구였다. 낡은 조류 질서가 새 아이디어에 모순상 상충이 되는 것은 당연히 제거해야 하는 것! 젊은 학생들은 새것을 좋아하여 낡은 것은 좋은 것을 따라야 하되 새 아이디어에 장해가 된 것을 제거해야 되는 것이다.

학생 대학 시민 시위가 총선 원천 무효 4월 초 일어나 계속되는 시위가 중순 총탄에 거리에 쓰러져 가니 불에 기름 붙기가 되는 시위 절규 계엄령 총성 유혈 소용돌이 서울을 메웠다. 시위 19일 고대 스크럼 짜 발맞추어 의사당 앞 시위 노도(怒濤)는 물러설 수 없는 전국 부산 대구 광주 시위 25일 대학 교수단 "피에 대가 지불하라" 최후 통첩하며 시민은 계엄군에게 물과 음료수를 건네주는 시민과 일체감 모습을 보여주었다. 바로 부정이 민주의식의 정의에 가치 없는 부당한 사실에 함께할 수 없다는 사실을 보여준 것이다.

또 하나가 54년 11월 4.4.5 불가한 개헌에서 이 대통령은 부당한 개헌에 철회지시 거부를 했어야 했다. 정도 길을 잡아 부당하고 불미스러운 개헌에 동의한 근원이 망쳐가는 수순이 된 바 이 기간 '돌아보는 인생이어야' 했다 아닐 수 없다. 길이 빛날 아침 아집과 편견으로 일관해온 대통령 이승만 비로소 낡은 역사와 필연적으로 흐름을 인식하기 이르렀다. 난동으로 본인 정부 각료들은 심대한 충격을 받다 원인 논의하거나 신임을 물을 때가 아니라 질서회복 위해 정부는 소요사태 최대한 노력할 것이다.

선거 부정이 구체적 양상과 실례가 자세히 인용되어 적혀 있었던 것이다. 이승만 권위와 명예는 순간에 무너졌다. 진수성찬 위장된 독약이 스스로 멸망시켰다. 명예와 거울은 입김만으로도 흐려진다. 스페인 격언처럼 이승만 경우 입김 정도가 아니라 민주질서 부인이라는 치욕을 맞이한 것이다. 부하들이 차려놓은 밥상은 분명히 진수성찬으로 착각했다. 그래서 그는 진수성찬 위장된 독식을 스스로 멸망시키게 한 것이다.

많은 사람이 목숨을 잃고 부상당하고 피 흘린 것이 가슴 아프게 생각한다. 정치 방향을 바꾼다. 오랫동안 두절됐던 야당과 대화를 시작했다. 민주당원 총회 위임받은 곽상훈 정헌주 조재천 이철승 유홍 이민우 19일 국무회의실 합숙 들어간 정부 각료들을 20일 6개항 수습안을 요구 내무부장관 홍진기 국방 김정열은 제안한 안을 노력하겠다.

수습안은
1. 경찰의무 차별 사격을 중지할 것

2. 고문 보복행위를 곧 중지할 것

3. 연행된 데모대원 전원을 석방할 것

4. 데모대원 시체와 부상자 구호에 철저를 기하고 적십자사 활용할 것

5. 비상계엄을 해제하고 경계비상으로 바꿀 것

아침 각료 전원 경무대 방문하여 일괄 사표를 냈다. 자유당 정무원들 더 이상 스스로 지위 보존에 연연할 환경도 대통령 발밑에 아첨할 상황도 아니었다. 이 대통령은 자신만만한 기색 "불의 보고 일어나지 않는 국민은 죽은 거나 다름없다." 미 대사는 법과 질서를 유지하기 위한 조치를 취하는 데 사태 근본 원인 고려해야 표명하다 크러스찬 허터 8개 장문 각서를 수교했다. 한국 시위운동 발생이 자유민주주의 합당하지 않은 탄압적 방법 국민이 품고 있는 불만을 반영한 것 국무장관은 한국 정부가 투표의 비밀 보유하고 집권당의 반대파에 대한 공정치 못한 것을 방치하며 언론 집회 출판 자유 등 민주적 제 권리를 보호하기 위한 조치를 취하도록 요구했다.

이기붕 경우 다르다. 불길한 보고 며칠 전 받고 있었다. 경기도지사 최헌길 이야기 나는 당시 공무원들이 적극 추구하는 것만으로 이 박사 이기붕 당선이 가능하다 믿었다. 그래 경기도 내 선거 그 방향 유도했는데 내무부에서 별도로 도내 서장한테 직접 선거부정 지시를 하달했다. 이후에 이기붕에게 문서 내용을 보이니 부르르 떨면서 최인규를 당장 불러오라. 그는 지방 내려가 있었다. 3월 3일 신문기사가 보도되어

민주당 시정 요청을 했다.

　부정선거 계획이 어마어마한 투개표 전 사전 총 유권자 4할의 표를 자유당 후보에게 기표해서 무더기 투입하고 나머지 6할은 공개투표 실시하여 투입과 실시에 기표 감시원이 안에서 감시토록 했다. 투표는 3인조 9인조 자유당 말단조직을 동원해 집단 행하며 투표장 주변 반공청년단원 공포 분위기 조성토록 부정선거는 상상을 절하하는 것이다. 결국 4월 26일 대통령 하야 발표 28일 이기붕 양아들(국회의장) 이강석 소위 일가 3인 아들이 막을 내렸다.

　5월 29일 하와이 망명해 1965년 7월 19일 하와이 요양병원에서 서거 7월 23일 국립묘지에 안장 그리고 부인 프란체스카 검소하며 나라를 사랑했다 한다. 92년 3월 19일 서거 92년 3월 23일 합장하였다. 98년 건국 50주년 김대중 대통령 비문 수정하여 대한민국 초대 대통령 우남 이승만 박사 내외분 묘라 고침. 스스로 불 지펴 그 불 속에 싸여진 실상(實相)이 되며 부정에 희생된 있을 수도 생겨날 수 없는 수유리 묘비 아니던가? 초대 대통령 국부로서 헌법을 마음대로 개정하여 권력욕에 얽히어 후대에게 불합리한 모순을 보여 한국 민주주의 깨끗하지 않은 출발부터 불순을 보여주었다. 개탄스럽다(김주열 본래 고향이 목포이며 외가에서 공부하던 중이다).

　초대 대통령 1948년 8월 15일 제2대 1952년 8월 15일~1956년 8월 14일 제3대 1956년~1960년 4월 27일.

제1조. 대한민국은 민주공화국이다.

제2조. 대한민국에 권력은 국민에게 있고 모든 권력은 국민으로부 터 나온다.

제3조. 대한민국의 국민의 요권은 법률로서 정한다.

제4조. 대한민국의 영토는 한반도와 그 부속도로 한다.

조봉암

조봉암은 1899년 10월 29일 인천광역시 강화군 출생이다. 그는 소련 동부 노력자 공산대학 중퇴 일본 쭈오대학 중퇴 독립운동가 건국에 참여 초대 농임부장관 국회부의장 지내며 농지개혁 토지개혁 48년 정부수립 헌법 제86조 농지는 농민에게 분배 소유권은 법률로 정한다. 49년 6월 농지개혁법 발효했다.

52년 8월 제2대 대통령 직선제 개헌에 선거에서 낙선. 56년 5월 15일 제3대 대선에서 216만 표 득표 낙선. 56년 11월 진보당 결성 지방 지역당 조직 56년 이승만 국무회의에서 조봉암 공산당 원구(怨咎)에 틀림없다. 이런 위험분자는 제거되어야 할 것이다. 발언이 대립의 정적 관계이다. 58년 1월 12일 민의원 총선 4개월 앞두고 59년 7월 진보당 간부 국가 변란 간첩죄로 서울 경찰국은 조규하 윤길중 김달호 이동화 진보당 간부를 체포했다.

59년 2월 27일 하루 전 재심청구를 했으나 받아들이지 않고 다음날 27일 조봉암 양명산 사형 집행과 김달호 외 15명 무죄를 선고한다. 조봉암이 사형 전 진보당 관계자들에게 조국 대한민국에 대한 충성은 스스로 의심할 수 없다는 것을 밝힙니다. 2011년 1월 25일 대법이 간첩죄와 국가보안법 위반혐의에 대하여 무죄선고 판결을 했다. 그 손녀딸은 보상청구를 하지 않는다 했다.

수유리 묘비를 생각하며

60년 4월 혁명의 봄을 기억하리
민주 정의를 위하여 맞서 항거하다
총탄에 최후를 마치니
그 정의 영혼이 영원히 빛이 되리

해와 달 별이 넋을 이루어 위로하니
편히 나라의 빛이 되소서
그 이름 4.19혁명 정의 사자이어라

우남 이승만 남미 여행

일본 외무성 문서 7권에 수록된 1924년 1월 25일 마쓰이 게이시로 외무대신에게 보낸 문건 한 토막에 영국 미국 세계 여론에 호소하려는 좋은 기회니 이승만 대통령을 미국으로 파견하기를 희망한다는 내용을 하와이 대한교민단에 보냈다는 보고 문서다. 교민에서는 미국에 파견해 조선 독립과 조선인 학살 조사운동에 착수할 것을 의결했다. 그리하여 1923년 관동 대지진에서 우리 국민이 악행 학살된 사실을 미국에 알리려 하여 재미동포들이 329명 모금 금액 1,000불 마련하여 주었는데 1924년 2월 7일 증기선이 베네수웰라호를 타고 로스앤젤레스를 출발 과테말라 엘살바도 쿠바를 거처 3월 6일 볼티모어항에 도착한다. 이 지역을 거쳐 남미 여행을 하여 모은 돈 두 달 만에 모두 탕진했다는 것이다.

제2공화국

●

대한민국 헌법 전문

유구한 역사와 전통에 빛나는 우리들 대한민국은 기미년 3.1운동으로 대한민국을 건립하여 세계에 선포한 위대한 독립정신을 계승하여 이제 민주 독립국가를 재건함에 있어서 정의 인도와 동포애로써 민주의 단결을 견고히 하여 모든 사회적 폐습을 타파하고 민주주의 제도를 수립하여 정치 경제 사회 문화의 모든 영역에 있어서 각인의 기회를 균등히 하고 능력을 최고도로 발휘케 하며 각 개인의 책임과 의무를 완수케 하여 앞으로 국민 생활의 균등한 향상을 기하고 밖으로는 영구적인 국제평화의 유지에 노력하여 우리들과 우리들의 자손의 안전과 자유와 행복을 영원히 확보할 것을 결의하고 우리들의 정당 또한 자유로이 선거된 대표로써 구성된 국회에서 단기 4281년 7월 12일 이 헌법을 제정한다.

단기 4281년 7월 12일
대한민국 국회의장 **이승민**

이후 그해 헌법전문에 기미년 3.1 독립선언 정신을 명시하고 민주당 7월 29일 총선 후 60년 8월 13일 제4대 대통령 윤보선 60년 8월 23일 총리 장면 내각제가 출범하였다. 61년 4월 14일 헌법재판소법 공포 6월 2일 조세사범 처리요강 발표 마련했다.

윤보선 대통령은 두 번째 결혼 14세 차인 경남 통영 덕망 있는 둘째 딸로 어머니가 35세 홀어머니 바느질로 양육하는 환경이었으며 동례 신일고교 수석으로 졸업하며 일본 요구하마 신학대학을 졸업 신학가로 사회사업을 하기도 하며 활달한 성격으로 민주화 운동에 관심과 활동을 한 여사로 76년 명동사건 선두 역할과 민청학년 구속자 가족 대표도 맡았다.

그분은 재임 기간 7개월 8일간의 임기로 박정희 군사정변 전까지였다. 한데 윤보선은 63년 대통령 선거에 박정희 후보에 15만 차로 패했다. 1990년 7월 18일 향년 92세로 서거했고 장지는 고향 충남 아산시 음봉면 동천리 가족산 그리고 공덕귀 여사는 1997년 11월 24일 향년 86세로 윤보선 선산 장지이다.

공사장 쉼터

●

땀 흘려 쉬는 참
안주가 그러한들
자리가 어떠한들

기울인 잔 입가에 다가가니
잔 위 아내와 아이들이
아른거리어 떠오른다
괜찮아 아이들 당신이 있어

위엄(威嚴) 존엄(尊嚴) 고품(高品)
필요한 게 무엇게
알겨야!

나누어 목 축여 쉴 참
땀 보람의 자리
인생 추억을 쓰다

그들 일손이
삶의 빛 잠겨 있다

하늘과 바닥

●

누린내 나는 멀건 꽁치 국물
앉았다 보면 잠시 후라이판 긁는 소리
58년 병사 시절 잊을 수 없는 기억

병사는 말없이 충성하다
긁는 소리 문제일 수 없듯
하늘의 계급장 병사 병영생활

졸병의 군사생활 그렇게
전투력 강화했다

봉급이란 딱 한 번 받다
병사들은 조국을 지향했다
장성은 장성다워야 강군이다

5.16 군사변란

●

1961년 5월 16일 실상

당시 유선 스피커가 유일한 소식통이다. 가뭄에 맑은 날 11시경 스피커는 오빠 생각 반달 그네 가곡 방송이 평소와 달리 방송이다. 뉴스 보도가 장도영 중장 뒤에는 박정희 소장 이후 그의 목소리는 코 먹은 소리에 찌렁찌렁 울리는 기세(氣勢) 위풍당당한 음성이었다. 새마을 노래가 주류이며 마을 도랑치기 꽃길 가꾸기 지붕개량 시도다.

61년 5월 17일 국회 해산 정당활동 금지 국무위원 출두 18일 장면 내각 정권이양 결의 5월 21일 윤보선 하야 혁명 내각수반 장도영 중장 의장 22일 계엄 군법회의 설치 범국민운동 요강 발표 검찰관 전원 구속 용공자 2천 14명 검거 발표 6월 11일 국가재건최고회의법 공포 병역미필 공무원 7,291명 해직 6월 23일 미 외교 재개 6월 11일 국가재건최고회의법 및 재건운동법 공포 7월 3일 장도영 해임 7월 9일 장도영 중장 외 44명 반정부 음모혐의 구속 61년 11월 15일 미 케네디 회담 후 공동성명 공산국 격하운동(스탈린) 62년 말썽 많은 새나라자동차 준공 10월 20일 인도 중공과 국경전쟁 10월 22일 미 큐비 소련제 유도탄 기지 설치를 보복하기 위해 해상 봉쇄.

박 의장의 약속은 군부 군 쿠데타 후 3개월 동안 짓눌렀던 울화와 초조에 일종의 희망을 갖게 해주었다. 더욱 속 시원하리라는 기대는 연내 늦어도 1년 후에 정권을 이양하겠다. 원칙적인 말이 퍼져 놓였다. 8월 9일 밤 사이 외고구락부에는 원충심 최고회의 공보실장의 초청으로 일반신문 통신사 주필 편집장 내외 출입기자 위한 칵테일 파티가 베풀어졌고 이 자리에서 김종필 중앙정보부장 몇몇 최고의원들이 처음으로 기자들 앞에 선보였다.

　　김종필은 우리나라 후진국 현실로 보아 제퍼슨의 자유민주주의보다 헤밀톤의 교도주의가 적합하다. 혁명과업이 완성될 때까지 군사정부는 계속 맡아서 해야 한다는 지방 여론이 답지하고 있다는 발언을 하며 주목을 끌었다. 그는 8월 14일경 박 의장의 속 시원한 발표가 될 것이라고 하기도 했다. 말하자면 김종필 씨의 존재가 세상에서 표면화되고 정권 이양의 시기 및 정권체제에 대한 중요 정책이 김씨 중앙정부의 주요 브레인에 의해 짜여지는 것은 이때부터이다. 박정희 의장은 8월 11일 갑자기 중장으로 승진되었다. 이튿날 12일 10시 10분 전 해군 본부 자리 퇴계로 청사 본회의실에서 중대 성명이 발표된 것이다.

　　2년 후 정권 이양 63년 10월 총선 실시 대통령 책임제 100 내지 120명의 단원제 부패정치인 정계 진출 금지 등을 공약했다. 물론 결과적으로 대통령 책임제를 제외하고 철저하게 파악된 것이다. 헌병들이 삼엄한 경계하에 몸수색을 받고 입장한 내외 기자 백여 명 본회의실 아래위층 연좌한 가운데 박 의장은 10분간 성명 낭독한 후 다음 여기에 대한 모든 질문은 훗날 서면질의 또는 기자회견을 통해 성명하겠다는 말을 남기고 총총 퇴장했다. 이후 2년 후, 지난 8월까지 정권 이양 시기는 끊임없이 기자들의 문제점으로 제기되어 기자회견 또는 서면질의 해명이 요구되어 왔다. 박 의장 성명이 발표되자 내외 기자는 극도로 덤덤했다. 너무 길다. 그러나 별수 없다. 꾹 참자. 실망과 체념하나 재기의 희망을 담은 반응이 잇달았다. 일방적 소극적이고 미온적인 반응에 반해 신민당원을 지낸 김도연 박사는 이날 하오 성명을 발표하고 박정희 성명은 국민의 열망이나 민주 우방의 기대에 어긋난 것이라며 일침을 다음과 같이 발표하였다.

1. 군정은 2년 더 계속하겠다는 제기가 이유는 납득이 되지 않으며 차라리 민정으로써 소기의 성과를 빨리 달성하라.
2. 현행 헌법에 대한 개정 여부는 국회에서 행하는 것이 정당하며 그러한 절차를 생각한 어떠한 제정 공포도 그것은 주권재민의 원칙에 위배된다.
3. 집회 및 결사의 자유를 즉시 허용하라.
4. 군사혁명을 국민혁명으로 발전시키기 위해 혁명과업 수행은 어느 한 계층의 독점물이 되어서는 안 된다는 등 제시를 요구했다.

이 같은 욕구가 관철될 리는 애당초 없었다. 오히려 당시 정치인 송 모 씨는 군정 10년안을 주장했고 일부 혁명 주체들은 4년안을 내세웠다는 것이다. 미국에서는 1년안을 고집하여 결국 타협만으로 2년이 결정되었다는 설도 있었다. 8월 12일 성명이 기초일 때만 해도 혁명 관계자들은 전부 원대복귀한다는 것이 전제되었다. 이 성명이 나올 동기 자체가 혁명 공약 6항의 원대복귀권을 구체화시킨 것이기 때문에 아무튼 혁명은 8월 12일 천명을 전제하여 제1단계 청소작업을 들어간다.

건전한 사회정화 일환에서 깡패소탕 7만 명 교통질서 확립 밀수 외래품 금지 병역기피자들 거세 농어촌 고리채 정리 사회적 부당 부조리 비행행동을 근절하는 시대의 바람이기도 했으나 살인적 물가고는 경제 흐름에서 금융 유통에서 급격한 제지 시장의 금융 순환 유통 불화가 시장 악화상황이 나타나 이도 저도 못하는 용두사미 양두구육이라 하여 신악이 구악 뺨친 상황이라 했다.

63년 2월 김종필 공화당 창당위원장 일체 공직에서 떠난다 선언 2월 27일 박 의장 민정 불참 선언 3월 15일 최고회의 광장서 현역군 군정 연장 데모 3월 16일 박 의장 4년 군정 연장 제의 8월 30일 박 의장 대장 승진과 함께 예편 당일 공화당 입당 8월 31일 공화당 전대에서 박 의장 총재로 취임 공화당 대통령 후보 지명 수락 63년 10월 17일 박 의장 15만 표 차로 윤보선 후보를 이겨 제3공화국 5대 대통령 출범한다.

한일 회담 추진

64년 3월 24일부터 추진 대학가 반대 3월 30일 박 대통령 11명 대학 대표 면담 65년 8월 61명 민중당 의원직 사퇴 8월 14일 여당 국회 추인하며 여기서 그간 배상이나 청구권 없이 결말, 위수령 발동 연고대 무기한 휴교 학사 감사, 8월 2일 언론윤리 법안 공화당 단독 처리 시행

보류하다.

인혁당 사건

64년 8월 15일 중앙정보부 북괴 지령을 받아 국가 변란을 도모한다는 인혁당 41명 검거 발표. 그러나 담당 검사들이 기소 거부 사표냈다. 2005년 4월 19일 대법 판결 영장 없이 체포 위법 내란 목적 없다.

삼분사건

삼분 사건 64년 특정 재벌이 국민경제 파탄을 이르게 한 사건으로 밀가루 폭리 설탕 폭리 시멘트 품귀를 조작한 것이 삼분사건이다.

2천만 달러 차관사건

64년 10월 20일 일본에서 2천만 달러 차관하여 경부고속도로 착공 초석이 되었다.

밀수사건

66년 9월 삼성 재벌이 한국비료가 사카린 원료 등 밀수해 큰 파문을 일으켜 이병철 한비를 국가에 헌납하며 매스컴과 학원 은퇴 선언, 이 사건에 관련하여 국회의원 김두환 의원이 국무위원들에게 인분을 뿌려 다음날 정내각이 총사퇴 후에 수습한다.

월남전 한국군 파병

65년 9월 미국 요청으로 월남전 한국군 파병.

경부고속도로 개통

70년 7월 7일 경부고속도로 428km 개통한다.

한비건설 완공

67년 1월 6일 390일 만에 한비건설 완공 운영권 인수한다.

제6대 박정희 대통령 취임

67년 7월 1일 제6대 박정희 대통령 취임한다. 67년 5월 30일 민주 공화당 박정희와 윤보선 후보 대선에서 9% 차로 6대 대통령으로 당선한다.

동백림 간첩사건

67년 7월 중앙정보부는 유럽에 유학하고 있는 대학교수와 한국 학생들을 중심으로 194명 이르는 관련된 대규모 간첩사건 발표, 정치적으로 조작 43년 만에 무죄 판결.

무장괴한 사건과 푸에블오호 납북사건

68년 1월 21일 서울 시내 무장괴한 31명 청와대 습격하려다 김신조 1명 생포 모두 사살 동대문 경찰서장 잠복 무장괴한이 쏜 총에 거리 순직 피살. 이틀 후 23일 설 명절 다음날 동해에 미 해군 함정 푸에블오호 납북사건.

향토예비군법 창설

68년 2월 7일 박 대통령 향토예비군법 창설 내세워 250만 명 무장해야 한다고 향토예비군법 시행이 현재 방위병에 해당한다.

개헌 변칙 통과

69년 9월 14일 공화당 단독 야당 몰래 별관에서 개헌안을 변칙처리 10월 17일 국민 투표에서 가결 11월 21일 사상 최초 1당 국회로 국정 감사 예산안 처리.

정인숙 사건

70년 3월 정인숙 사건 미녀 정인숙이 자가용 차 안에서 피살. 그녀 오빠 사살로 그녀의 관계 둘러싸고 고위급 네 아이다, 복잡한 많은 화제 관계 꼬리를 물었던 예가 있었다.

남영호 여객선 침몰사고

70년 12월 15일 여수 서귀포 남영호 여객선 침몰사고로 326명 참사 사건 발생.

군홧발 실세

저벅저벅 군화 소리
위력의 군홧발 번득이는
장성 군복 계급장
가슴이 소스라치다

아무 소리 말라

하고픈 대로

군화의 실상 시대이다

정체성 회고한들

권위 위상 시대

남북공동성명 발표하기까지

생각하면 중앙정보부장 이후락은 1972년 4월 2일~5일까지 평양을 방문하여 김영주 조직부장과 회담을 진행하여 김영주 대신한 박성철 제2부 수상이 5월 29일부터 6월 1일까지 서울 방문하여 회담을 진행해 쌍방은 조국 평화통일 하루빨리 가져와야 한다는 공통된 염원한 의견을 계속하여 결과로 조국 통일을 촉진시키기 위하여 다음과 같은 문제들에 완전한 견해를 보았다.

南北 共同聲明 全文

1. 外勢 依存 없이 平和的으로

2. 相互 中傷 않고 軍事衝突 적극 防止

3. 多面的인 諸般 交流 실시

4. 南北赤십자회담 成事되도록 적극 協調

5. 서울 平壤間 常設 直通電話 설치

6. 統一 위한 南北調節委員會 구성

7. 合意事項 성실 履行 民族 앞에 約束 서로 상부의 뜻을 받들어

李厚洛 金英柱

이 같은 계기로 7.4 공동성명 보여주었듯이 통일계획에 대한 국민의 기대와 추진할 과제로서 명시한 바 함께 남북 간의 화해 공존 평화적 분위기 협상의 간절한 통일 기반의 조성을 생각하여 볼 수 있는 가상할 수 있는 남북공동성명이다. 세기에 통일 위한 국민적 남북공동성명을 이끌어 내기까지 남북이 생각할 수 없이 암암리 오가며 대화의 문을 열어 지속하여 어려움이 있더라도 인내하며 접촉을 추진하며 이룩하게 한 남북공동성명이다. 외세 없이 국가 통일을 위한 조절위 설치 군사 충동 방지 적십자 회담 다면적 교류 남북 직통전화 설치 역사적 공동성명이다.

그런데 어찌하여 그해 불과 6개월 만에 유신 1인 체제 더욱 헌법정지 공포 분위기 조성하고 박차고 통일 번영 과제를 표명하면서 유신정권을 추진을 해야 하는가 하는 사실에 그 진의를 의아하지 않은가? 즉 권력의 장기화 집권을 위한 것이어야 하는가? 추정해 보고 싶은 국민적 감정이 어디에 두어야 하는가 한다. 말하여 이르기를 절대 권력이 바람직하지 않다. 굳이 평화통일 원대한 분위기를 무엇 때문에 유신으로 선회했나? 무엇인가 경제 발전하며 통일지향이 얼마나 위대한 과업이었을까? 즉 독선 독재가 바람이었나?

남북공동성명 이후락 북한 김영주 공동발표 문안에 그 가능성을 보여주지 않았는가 하는 국민적인 생각이지 않은가 한다. 이런 점이 의문이다. 통일에 담론이 되는 사실관계를 국민에게 어찌하던 간에 계속 함께 힘을 모아 갔었더라면 어떠했을까?

유신헌법 출범인가?

71년 대통령 선거에서 김대중 후보 박정희 후보와 경쟁에서 53.1% 이겨 7대 4월 27일 박 대통령 "마지막 한 번 더 기회를 달라!" 당선된 지 이듬해 10월 17일 국가비상 돌발사태가 발생한다. 그러나 생각하여 보면 72년 7월 4일 북한 김영주와 남한의 이후낙 정보국장 사이 남북이 협의 남북공동성명 협약 7개 사항 조인 전문을 발표를 하면서 공동성명이 유명무실 어떤 의미가 없이 남북공동성명이 신선한 발언이었음에도 불구하고 민족 통일 길을 지향하여 통일 과업 이룩하는 데 국민의 지혜를 모아 한 시대 위대한 역사적 과업을 이루는 민족의 영광 조국 통일 계기를 노력했어야 할 바인데 왜 굳이 유신체제를 생각했나? 성명의 약속성 조국 운명적 발언이다.

그런데 10월 17일 평화통일 번영을 앞세워 갑자기 헌법을 정지시키며 국회를 해산 계엄선포 옥내 집회 금지 언론출판 및 보도 방송 검열 대학가 휴교 조치했다. 지역 마을 대상 방송 홍보를 아침 점심 저녁 3회 이상 수시 방송 홍보물 배포이다. 방송을 하니 마을 주민이 시끄러우니 방송을 자제하여 달라는 말이다. 10월부터 방송하는 전통문이 11월 들어갈수록 낮 밤 2~3번 발송을 직접 타교로 전달체계로 내용이 경계근무 철저 근무지 이탈 금지 외부인사 경계 그래서 공익 근무인이 쉬지 못하여 밥맛이 없고 바싹 마른다. 한데 연극 홍보를 하라는 지시이다. 눈이 내려 질퍽거리는 황톳길 니어커 스피거 방송장비 싣고 교사 학생이 기웃둥거리며 3km 지점 동리에 이르니 볏가리 더미에 눈이 하얗게 덮혀 있고 어둠이 내리는데 공연 안내 방송을 하나 기척이 없다. 어둠이 덮치고 기다렸다 추워 떨며 몇 회 방송하나 어둠 속에 시끄럽게 미안감 무엇하는 짓인가 생각이다. 한데 집 주인분이 나와 수고한다며 이 밤 추위에 누가 나오겠냐? 돌아가기를 권한다.

11월 23일 유신체제 개헌 위한 통일주체 국민의회 대의원에 의하여 6년제 연임 국민투표 91.9%로 개정하여 12월 14일 0시 계엄해제 12월 27일 공포 취임 유신체제는 제8대 72년 제4대 공화국 11년차 유신정권이 시작이다.

대통령의 남북 간 평화적 관계개선 나아가 교류 서신 왕래 교역에다 광물 지하자원 활용화 더욱 경제뿐 아니라 통일 기반 발판을 이룩하여 서로 오가는 꿈의 현실로 민족 새로운 세상 역사에 위대한 박정희 인물로 기록할 것을 왜 굳이 유신헌법을 제정해 자유와 인권을 권력으로 언론을 옥죄어가 그것이 꿈이었는지 유신 이 기간 중화학 기계공업 본인이 다 할 생각이라면 좋지만 이보다 조국 평화 국민 화합이 아니인가? 참으로 남북 평화통일 거대한 대망이 보다 낫지 않은가? 통일 과업이 불가였는가? 이해의 상상이 아니 되는 거듭하는 바이다.

우리가 한 시대적 역사적 과제 생각하여 보아 권력 행위란 것이 자신의 의지대로 이뤄지는가? 정치 권력이 어떤가를 4.19에서 보듯 장기

집권의 독주가 평범한 진실의 역사적 부당성임을 말하는 역사성 아니인가? 남북관계 화해 민족 공존이 바람직하겠다. 그러나 궁정동 사건이 불행이었으나 유신의 종점이 어디까지인가? 서울의 피바다?

김대중 납치사건

73년 8월 김대중 씨는 일본 망명으로 그랜드 파레스호텔에서 납치되어 해상에서 며칠인지 날짜도 모르겠으며 정신을 차려 둘러보니 집천정이라는 것이다. 이른바 호텔에서 납치돼 바다에서 암매장되는 것을 미 연방정보 당국 뒤따라 위기를 면하게 되었다는 것! 주일대사 김동운 서기관을 면직시키며 총리 김종필이 대통령 친서를 휴대하고 일본을 방문하여 외교상 문제를 해결했다.

1977년 긴급조치 위반으로 진주형무소에 서울대병원으로 이송 1980년 광주학살사건에 의한 내란음모죄를 적용하여 사형. 2004년 10월 29일 서울고등법원에서 열린 재심선고 공판에서 내란음모 사건에 대해 23년 만에 무죄를 선고받았다.

민청학연사건

74년 4월 3일 대통령 긴급조치 4호 선포 후 이철 등 대학생 인혁당 관련자 일본인 등 55명이 정부 전복 음모를 꾸몄다고 구속하고 윤보선 대통령 김동길 교수 지학순 주교 등이 배후 지원 혐의로 추가 기소했다. 2010년 9월 2일 중앙지법 80년 유신폐기로 면소판결 3명 무죄.

육영수 여사 서거

1974년 8월 15일 광복 경축행사에 문세광이 전면에 권총 발사로 육 여사 빗긴 탄환에 맞아 병원 이송 불행한 48세 서거당하여 서울현충원 안장 풍수지리설 불안정한 것들을 바로잡았다.

언론 탄압

75년 동아 언론 탄압 박 정권이 광고를 올리지 못하게 압력행사를 하여 74년부터 75년 1년간 광고 게재하지 못하였다. 그러나 독자들이 나서 헌납했고 광고란에 백지상태로 신문을 1년간 발행을 지속한 언론 탄압이다. 당시 동아일보는 독립운동가 가족 장덕수 선생 창간호 집필자 조국 독립 이념 고양 및 고취 전통성 이념 계승에 자유 평등 인권에서 국민의 대변자로 신뢰 사랑을 받았던 일간지로 생각되며 때문에 쌀 1말 지고가 만 원을 냈다.

긴급조치 9호

75년 긴급조치 9호 선포 5월 13일 헌법을 비방하거나 허가를 받지 않은 집회 가담자 금지하며 허가받지 않은 시위나 정치행위 불법한 행위로 처벌한다. 75년 10월 8일 9대 여성 국회의원 김옥선 의원이 유신헌법 취지 당당한 발언을 하여 사퇴를 당하여 공민권 제한이라는 파동을 일으킨다. 78년 박정희 대통령 12월 27일 유신체제 개정 헌법 따라 대의원 통일 주체 선거인단에 의하여 9대 대통령으로 출발하는 반면 제10대 국회의원 선거에서 집권당 민주공화당이 야당 신민당에 득표율 뒤지는 현상에 민주통일당까지 합하면 득표율 격차가 8% 민심이반 조짐이라 본다.

YH사건

79년 10월 YH사건은 영세 봉재 노동자들이 사내 처우에 불만을 호소하기 위하여 신민 당사에 농성을 일으키어 경찰이 여공을 끌어내는 과정에 1명이 추락 사망을 당하여 신민당 당수 김영삼은 미국을 향해 박정희 정부 지지 철회 주장에 국회에 제명을 당해 이 사건 계기가 97년 10월 16일 부산 마산 창원에서 시위가 부마사건이다. 계엄선포 진압되니 잠재적 민주의식을 확인한다.

2010년 9월 서울중앙지법 형사 22부 재심에서 국가보안법 위반 내란음모 혐의에 대해서 무죄 74년 유신정권 반대 박정희 유신정권 비판 반대하는 목소리가 높아지자 긴급조치 4호를 선포 배후에 지목된 학생들을 검거해 처벌한 사건이다. 36년만 무죄 80년 10월 유신헌법 폐지되면서 효력을 잃었다.

박 목사는 78년 2월 서울 종로구 기독교 회관에서 유신체제 비판하며 새민주 헌법 제정의 필요성을 주장하는 3.1 민주선언 발표한 혐의로 기소됐다. 박 목사는 같은 해 9월 전주에서 열린 시위에 동참하라고 권한(집회 및 시위에 관한 법률 위반) 당시 법원은 두 혐의 유죄판결을 내려 징역 5년에 자격정지 5년을 선고했다.

긴급조치 9호 위반사항으로 기소돼 징역형을 받았던 박형규 목사

(91)에게 재심에서 서울중앙지법 형사합의 21부는 유신체제 비판했다가 긴급조치 9호 위반을 민주주의 본질적 요소인 표현의 자유와 신체의 자유, '헌법상 보장된 청원권을 심각하게 제한한다'고 대법원 전원 합의 일체 밝혔다.

긴급조치 위반 박형규 목사 35년 만에 무죄

재판부는 다만 재심에 집시법 위반혐의는 89년 법률 개정으로 형이 폐지된 경우에 해당해 면소 판결했다는 사항이다.

기업 성장 발달과 사회적 현상

60년대 이후 경공업 성장 발달이 생필품 유통 원활로 삶에 변화를 가져오며 기업 성장 발달의 다양한 수출 주도 활로가 기업 동력이 되었다면 따라서 생산 수출 동력 활력이 정부 주도형 성장 발달이었으며 기업 성장을 위한 활동 강화가 산업 수출 기대에 정진하려는 노력이 국가 경제 발전에 이바지하는 바이다. 이는 박 대통령의 기업 성장 발달 수출 기대 목표 경제 부흥이 그의 신념 과감한 진취적 추진력 의지 결합체이다. 그러나 기업 경영인과 노동자와 서민에서는 상위계층이었던 사회적 권위 무대가 활성화 시기에 상대적으로 사회적 소외나 상실감이 되기도 했다.

반면 기업에 대한 정치자금과 수출 증진장려 위한 공로 훈표창이 연예 행사 언론에서 대대적 목표 달성을 찬양하는 수출 금자탑을 보여주며 70년 중화학 공업 수출증대 한국의 공업 선진화 국가 발전을 위한 행사이기도 했다. 유신 집권 이후 73년 중화학공업 정책 방향을 두어 75년 기계 공업단지 계획 핵심산업 육성 76년 포니 자동차 생산 울산 조선 대형 유조선 건립 76년 연간 성장률 10% 달성하며 77년 수출 100억 불 달성하였다.

73년 기업 방향을 중화학공업과 78년 4차 경제 5개년 계획 기계공업 핵심산업 한국 경제성장 발달의 목표 달성을 이루는 계기가 되었고 처우 복지후생 노동환경 등 개선이 요원한 반면 수출 진흥을 위해 노와 사는 필연의 불가결한 사노관계로 공동체 상생관계로 매진하지 못한 바이다. 목표치 수출 전략을 위해 경영주는 노동자 근로환경 및 처우 복지에 배려하여 노동쟁의 없는 좋은 처우 우대하는 밀알을 심어주어 지속해 나아가게 했다면 이후에 첨예한 대립 갈등 투쟁이 어떠했을까?

사와 노동자 관계는 인간애 존엄 관계를 벗어난 전근대적 머슴과 주인이 부려 먹는 관념인 사고 방안이 사회 환경이 조화로운 상생관계 형성이 되지 않은 근로 보수환경에 노동자를 똑같은 사람으로 중요시하지 않았다. 이 시기 노사관계 면에서 좋은 징조를 낳았다면 첨예한 갈등 대립관계 없지 않았을까 한다. 기득권 권력자 남용이다.

농촌과 도시의 간극 좁힘

농촌 생활 모습이 변화가 본격적 시작한 것이 70년 초중반 농촌 기계화로부터 영농의 일손이 협력체제, 일손 모아 품앗이 일손이 점차 사라지게 되는 반면 이앙이나 수확을 기계화 전환하는 데 이 전환이 농촌 혁신 혁명이겠다. (심고 2번 매고 1번 풀 뜯어주고 수확기 베어 깔아 묶어 끄들어 탈곡할 뿐 아니라 여자는 밥끼 2참 술참 2번 밭일 돌보며 각고의 삶이다) 이제 젊은이들이 높은 소득 일자리를 쫓아 농촌에서 도시로 옮겨가 도시 생활의 현장에서 익히고 경험을 체득하고 도시의 의식주 및 질적 생활 적응해 양질의 생활방식 및 생활개선에 따른 변화에서 도시 생활 문화양식을 자연스럽게 농촌 환경 변화의 촉매 역할 매개한 바이다. 그리고 자원 비용 이용이 취득된 자금은 농촌 경제 생활 개선 즉 주거환경 개선 및 건축 변화 생활 양태의 도시성 생활문화 접근으로 생활환경 변화에 기여한 것이 농촌과 도시의 간극 차이가 삶의 질과 생활환경 변화가 좁혀진 것이다.

그러므로 전통적인 농촌 모습의 변화는 물론 농촌으로써 순박한 정감 감정이 점점 퇴화하며 옛 가을 시루떡 떡방아 소리가 끝난 지 오래다. 연모 빌려주고 빌려 쓰기 이제는 자기네가 갖추는 생활력을 말한다. 그러나 일일이 일손 가야 할 영농 일손에는 노년 계층으로 대체되어 연세 많으신 어르신들 할머니와 아주머니들이 농촌의 터전을 지키고 생의 터를 불편한 몸을 이끌어 생산에 이바지하고 계신 현실 아닌가 한다. 우리 선대 삶 뿌리라는 점을 잊지 않고 미풍양식의 의미로 농촌을 생각하여 그 민족혼이 깃든 농촌이다. 언제나 마음의 고향이다.

농학자의 품종 개발 식량 해결

권역별 구분이 박정희 군사정부의 경제 개발 5개년 계획에 권역별 구분을 강을 기준으로 삼아 지역 구분하는 것을 중점을 두었던 것이다. 경제 개발에 있어 식량문제 해결함에 있어 서울대 농학과 대학(수원) 학자들이 벼 품종 개량을 비닐하우스에 연구 재배하는 동시에 이것을 기후조건에 의하여 겨울에 연구할 수 있는 동남아 지역 품종과 함께 대상으로 싱가포르 인도네시아 필리핀 키가 작은 품종(우리 품종 키가 커 쓰러지면 반수확 결점 있음) 한국 품종을 대상 오가며 연구한 결실이 2~3배 다량의 수확량인 통일벼 품종을 개발하는 데 성공하여 생산 소득면에서 획기적인 소득증대를 가져오게 되는 동시에 이 쌀 밥맛이 낮아 비인기 품종으로 여기게 되었다.

그래서 연구 끝에 밥맛 좋은 "아끼바리" 혁신적 전환의 새로운 쌀 생산량을 기대할 수 있게 한 바 그 공로 오늘에 이른다. 시기로 60년 말 70년 중반이며 70년 초 중반 경우 모내기를 대부분 집약농업 형태 모내기이고 시기가 6월 중순이 이양 적기로 이전 여겨져 왔으나 보다 발전하여 기계화 이양을 활용하면서 한 달 앞당긴 5월 중순 이양하며 과학적 농업활동 바로 4월 벼묘를 비닐 커버로 묘판 상자 싹 틔우기 전환되었다.

반면 비닐하우스 특수작물 재배가 벼보다 논에서 겨울철에 모든 여름 채소 작물을 재배할 수 있는 농업 및 원예농업 기술력 생산 과정 발전에 계절 관계없이 겨울에 오이 딸기 상추 생산과 접목 육종학 발달이 과일의 맛과 향 굵기 당도 높은 신품종 개발(개별농장 연구 개발이 있겠다) 또한 축산업 품질 개량 및 성장 기간 단축 등 우리 농업 과학화 새로운 패턴pattern으로 전환되어 우리 식생활 개선 건강에 기여하며 농업진흥청 연구활동의 육종학 발전이 식량 약제 문제 해결에 변화의 기원한 사실이다.

공화국 유신발동 긴급조치 요약 일부

11월 23일 유신헌법 국민투표 유신 긴급조치 1~9호까지 발동(유신헌법 부정 반대 왜곡 비방 금지)

제1호. 헌법 개정 폐지에 대한 주장 청원금지 15년 이하 징역(유언비어 날조 유포 금지)

제2호. 긴급조치 위반사건을 비상군법회의에서 심판한다. (유언비어 날조 유포 금지)

제9호. 집회 시위를 통한 유신헌법 부정 비방 금지 (헌법 비방 금지하고 허가받지 않은 정치행위 불허)

2013년 3월 22일 헌재 긴급조치 1, 2, 3호 위헌 전원 일치 판결. 자유민주주의 기본 질서에 위배.

대통령 박정희

●

열정의 의지는 불 같았다
하려는 각오는 하늘을 찌르다
새마을 꿈이 경중공업 길
실현의 장기 집정이 독이 되다
남과 북 평화 공존 개척 아쉬운 여운이다

눈 내리는 길에

●

함박눈 길 속에
남녀 두 사람
팔 허리 서로 감아
걷는 발길 남달라 보인다

내려앉은 눈이
다정할 수 없이 그렇게
정다운 발길

사랑이 감싸이어
사랑을 찍어 놓는 자국
사랑에 빛을 보인다
진실의 애정이니

바람이기

●

사람 사는 냄새가 풍긴다
더우나 추위에나
비가 오나 눈이 오나

인도 따라
계절을 보여주어
펼쳐져 놓여

쪼그리어 앉아 손님을 기다려
기력이 가여운 생각이 든다
푼푼이 쌈짓돈 채우려는 바람

잎

●

지구환경과 생태환경을 이루는 엽록체
끊임없이 지구를 가꾸고 이어간다
모든 생명체들이 살아갈 자리와 먹이를
만들어 낸다

공기는 정화되어 삶에 터를 맑게 하며
맑은 물 지하수 수목들을 가꾸고 지켜가
아름답게 하다

방풍림 숲으로 변화
덴마크 달가스 사막 나라를
줄기찬 연구는 숲으로 변화시켰다

생태계 존재 탄소 동화작용
위대한 생명체 어머니

태양 열기에 타죽지 아니하고
여름을 지나야 열매를 맺는 자연의 산실
토양이 비옥해야 뿌리나 줄기가 살찌다

육사와 Eton 대학

●

육군사관학교는 국가 간성(干城)의 군을 통설할 지휘관을 양성기관으로 체격 체력이 건실 강인한 군인의 정신이 사심 없이 국가에 충성과 공(公)에 희생과 책임 솔선수범 군 정신이 충일하며 늠늠하고 보무당당하여 국민에 신뢰 대상인 한국군의 요람(要覽)의 산실이다. 그런데 전두환 노태우 분은 육사 11기 더욱 군의 정신을 대조하여 12.12 5.18 민주화 생각하면 육사 정신교육에 고개가 저어지는 육사 군의 정신교육 군의 '정의와 대의감에서 전혀 다르고 먼' 그들의 행동에 대하여 영국 ETON 대학에 비교하여 본다.

헨리 6세 동상이 서 있는 영국 600년 전통의 명문 사립대학이며 엄격하며 엄중하게 학사 관리를 준수해야 함은 물론 단정과 예절로서 궁지의 자긍심으로 체력 강화를 위하여 기본으로 하루 1회 축구를 하지 않으면 벌을 준다. 자신만을 아는 엘리트를 원하지 않는다.

1914년 1차 세계대전 1941년 2차 세계대전에 선배 동문들이 스스로 자원하여 전장에서 2,000명 전사자의 명단이 기록되어 있는 영국의 사립 명문대학이다. 대학에 입학하면서부터 독특하게 자기 나라를 이끌어 갈 학생이라 생각한다.

The school has famous Alumn All the students are remembered (유명한 동문의 학교 모든 학생들이 기억하는 학교)

Throught the sports students how to learned Fair play (스포츠를 통하여 학생들이 페어 플레이 방식을 습득한다)

We Eton College don't want Elites who are selfish (우리 이튼 대학은 자신이 엘리트를 바라지 않는다)

학교 지침

1. Don't make use of others weaknese (남의 약점을 이용 마라)
2. Don't be down on the weak (약자를 깔보지 마라)
3. Don't be servile (비굴한 사람이 되지 마라)
4. Always be considerate of others (항상 상대방을 배려하라)
5. Don't be think yourself a great man (잘난 체하지 마라)
6. But you should be brave other severe for public selfless (다만 공적인 일에는 용기 있게 나서라)

기회주의 찬탈

●

1997년 10월 26일 궁정동 사건 발생 후 국무총리 최규화 대통령 권한대행이 이어 10대를 역임한다. 79년 12월 12일 육군참모총장 계엄사령관을 전, 노 신군부 조직 하나회가 하극상하여 이때 최규화 대통령에게 가결 협박요청하나 최규하 권한대행 노재현 국방부장관 불러오라 장관과 대동하기를 요청했으나 당시 할 수 없는 상황이겠다. 그리고 시일이 지나갔다. 그 이후 가결되었다 한다.

남산의 부장들

기록에 계엄사령관 정승화는 신군부 전두환은 항상 과장하고 영역에서 벗어나 행동 습관성 감정표현이 지나치며 인사에 관여하려 해 건의를 받아들이지 않았다. 노, 5.16 직후 방첩부대장 당시 정보과에 데리고 있었고 군의 야전생활 건의한 바이었으며 정치 관심에 주의를 준 일이 있다. 사건 직전 전, 교체하려 했으나 노태우는 9사단장 얼마 안 되었다. 이들을 못마땅한 눈으로 보았으나 하나회로 뭉쳐 조직세를 키워가는 줄은 몰랐다 했다. 79년 3월 전두환 국군 보안사령관으로 임명되었다. 80년 3월부터 5월 18일까지 공수부대에 충정훈련 실시하였다.

권력 위한 둔갑* 암흑기

60년 부정선거 마산 김주열 폭동 61년 박정희 쿠데타 이어 72년 유신체제(개헌 입 뻥끗 금지) 79년 10월 16~18일 부마 민주화 진원 민주주의 준동이 있었다. 게다가 또다시 이은 전두환 번뜩이는 육신에 계급장 군홧발 위장된 민주주의 염증 갈망(渴望) 속에 29년 광주 학생 발원지 민주주의 도전 짓밟은 인간 잔악한 살상을 한 전씨가 백담사에서 기자에 말하듯 "눈이 멀어서" 권력욕이라 말했다.

눈이 왜 멀어? 거칠 것 없어라. 국민 위에 권력행위 정권욕 무소불위 세상 마음대로 영광에 광명 천상천하 유아독존 권력욕이다. 만일 79년 10월 사건 이후 보안사령관 임무 기간 국가 사회 안정을 원만하게 수행하여 가며 민간정부 수립을 원만이 마치게 본래 위치로 돌아갔다면 80년 5월 17일 계엄과 유혈진압에 의한 또 하나의 광주 망월동에 또 다른 묘지는 없었을 것이다. 당시 회상하여 보면 여행길에 헌병 경찰의 초소가 생소하게 볼 수 있었다 말한다. 팔당발전소 견학 예정지서 어제만 하며 모르겠다. 이상하다. 알 수 없다. 무엇인가 있다. 일행 예정이었던 정보과장 소환이 이유가 있었다.

광주 시민 폭도 난동 신문기사 주요 부분 먹칠로 쫙쫙 삭제이다. 그러나 당시 왜 시민이 난동인가 의문일 수밖에 없다. 시민과 계엄군 진행상황 발언 암흑사태 진실을 알 수 없는 사태 기회 찬탈이다. 이는 전

---

*둔갑(遁甲) : 술법을 써서 마음대로 자기 몸을 감추거나 다른 것으로 변함이다.

두환 하나회 신군부가 광주 시민 민주주의 시위 발동이 일어나자 80년 5월 17일 오전 24시(18일) 국가 계엄 확대 조치하여 국회 기능 박탈 진압 들어가 21일 오전 전남도청, 전남대학교에서 계엄군과 대치 12시경 전남대 그리고 1시경 도청 앞 무차별 사격을 가했다는 것이다.

그러나 일반 시민은 난동 소요사태로만 보도로 알 수 없는 왜곡 절벽을 알 길이 있겠는가? 공수부대 금남로 수협 관광호텔 4인 1조로 올라가 조준사격해 120여 병원 보건소에 감당 불가한 사상자 몰렸다. 일부 나주 화순 소식 전하려 했고 시민이 총과 실탄 폭약 탈취하여 분배 심각한 사태 직면하며 이희성 계엄사령관 자위권 발동 광주 불순분자 난동 묘사로 자제 나오지 말라 달래는 담화문을 발표한다. 작전참모장 정호용 의한 11공수단 19일 1천 1백 명 20일 1천 4백 명 27일까지 4천 4백 명 병력 증파 투입했다. 5월 27일 새벽 계엄군의 상무충정작전이란 명목에서 전남도청 점령 시민 체포 연행 진압작전을 가해 체포 살상 소탕작전이 진행되어 가는 상태를 생각하게 한다.

시민 유혈진압에 통계자료 발표에 따르면 사망자 606명 항쟁 당시 165명 행방불명 65명 부상 이후 사망자 376명 계엄군 23명 중 13명 (부대 간 오인사격 밝혀짐) 구속 연행 1,394명 기소자 427명 중 사형 7명 무기징역 12명(광주방송) 엄청난 대가 없는 희생에서 군 반란 지휘부는 사건 진압 이후 군사 통치기구인 국가비상대책기구를 설치한다.

당장 통치기구를 위해 80년 8월 27일 제4공화국 유신헌법에 준한 통일 주체 국민의회 의하여 (제10대 최규하 대통령 권한대행이 자리를 물러나게 되었다) 제11대 대통령에 당선된 후 80년 9월 1일 취임하여 위세를 떨치는 지상주의 통치 행위에 차 있었으며 80년 10월 27일 7년 단임제 및 새로이 비례대표제 개헌을 실시하며 역시 국민 추천하는 대의원 81년 1월 15일 민주정의당 창당하며 간접선거인단 민정당 후보로 대의원에 의한 5,277명 중 4,755표를 얻어 3월 3일 12대 대통령 취임되어 정보정치 사회 통제장치 언론 장악 80년 8월 1일~81년 1월 25일 영장 없이 체포 6,760명 국가안위비상대책위원 전두환 무소불위 국민 삼청교육(불량자 포함)이라 반인간적 탄압으로 지옥 훈련을 가했다. 국가 인권위는 "공권력의 인권침해라" 공식 정의했다.

녹음이 짙어질 무렵
또다시 대지가 시퍼렇게 질려
알 수 없이 웬일인가 어리둥절
귀 눈 입이 깜깜이었다.

억울함을 호소하다

●

이유도 모르게
폭도 누명 벗겨달라

권력에 제물 짓밟힌 혼신이
울고 있다

원흉을 밝혀달라

권력의 흉계 의(義) 민주라

시대의 용인인가 정권 목적이
얼간이 짓 얼간이였지
욕구대로?

12.12 들여다본 8군 벙커

다시 70년대 주한미군 철수하려는 움직임이 한국민들에게 안보 불
안 속에 몰아넣었다. 70~71년 니슨 독트린 의한 미7사단 철수 그리고
77~78년 카터 대통령의 주한미군 철수하려는 미군의 대남 방위 공약

약화와 예측 북한의 침략 가능성 인식이었던 때이라 본다. 박정희 정권은 국민 불안감을 안보 불안과 안보 지상주의로 정치를 이끌어 가면서 독재체제를 더욱 다져 나갔다. 바로 여기서 72년 남북 공동성명이 발표되었고 공동성명 채택 후 6개월 만에 장기집권을 위한 유신헌법을 발동해야 했는가? 72년 유신헌법이다.

주한미군 철수는 보다 비민주적이고 권위주의적으로 끌어가는 데 기여한 셈이라 기술한다. 주한미군은 80년대 들면서 한국 내전 정치에 보다 깊숙이 빠져들게 되다 이후 10.26 궁정동 시해사건 후 정치 공백을 틈타 정권욕에 사로잡힌 전두환 당시 보안사령관이었던 신군부 세력들이 12.12 군 쿠데타 뒤이어 광주 한국군에 대한 작전통제권 갖추고 있는 주한미군인 만큼 12.12 사건을 막지 못했다.

광주사태에 있어서 미국은 수습 과정에서 희생을 최소화하기 위해 20사단의 투입을 동의했고 주장하는데 이것은 특전사에 의해서 저질러진 만행을 또다시 군 20사단으로 수습하는 데 동의함으로써 군에 의한 최소한의 과잉진압까지도 정당화시켜 주고 만 결과가 되었다고 말한다. 주한미군 측의 동의 아래 20사단은 광주 시내로 진입 전남도청을 탈환했고 이 과정에서 30여 명이 사망자가 났다.(미군 주장) 그리고 사단을 투입한 워컴 또는 미국은 광주사태를 방조 묵인 또는 협조했다는 혐의로부터 쉽게 벗어나지 못하고 있다고 한다. 미측 계속 해명 노력하여도 크게 효과를 보지 못하는 것처럼 보인다. 이같이 생각함이다. 우리 자신이 시대적 아픔을 우리 자신이 묘이라는 점. 우리를 위해서는 우리의 힘만이라는 자신에 관련된 사안은 자기 자신 역량의 힘일 뿐이다.

주한미군 관련하여 본격적인 부각된 사태를 찾아보아 용산 미8군 벙커에서는 미 마크 피터슨 유타 부리컴대 연구교수는 상세히 기술하고 있다. 피터슨은 당시 주한 미 사령관 위컴과 주미 대사를 글라이스린을 직접 인터뷰해 지난해 미국인들과 광주사태란 논문 발표를 했다. 논문에서 피터슨은 이 논문에서 그날 상황을 다음과 같이 적고 있다.

그라이스린은 용산 하우스포스트에 미8군 사령부 벙커에 저녁 7시 반경 연락받았고 들어왔다. 위컴은 몇 분 전 도착했다. 그들은 일선의 미군 부대를 비롯한 여러 정보요원들로부터 일단의 군대가 서울을 향해 움직이고 있다는 것을 알았다. 9시경 국방장관 노재현과 김종환 합창의장이 들어왔다. 그들은 당시 계엄사 10.26 사건 수사본부장이며 보안사령관인 전두환 소장이 장악하고 있다는 사실을 알았다.

여기에 대응하면 휘하에 군대를 동원해 서울 거리 대치에 대응 방도를 강구. 위컴이 새벽까지 기다려 보자고 주장했다는 것. 이에 관하여 문제가 되는 부분은 위컴이 새벽까지 지켜보자는 대목. 감안하여 국회에 제출한 미 국무부가 보낸 80년 5월 광주 답변서에 이렇게 한국군 간 교전을 피하기 위해 국방부 충성하는 부대들을 이튿날 새벽까지 조용하게 중지시키려고 했다는 피터슨 논문과 일치한다 한다.

13일 새벽에는 9사단 병력이 기다리고 있는 동안 2시에 국방부와 육군을 장악했다는 것이다. 그러나 워컴 사령관은 한국군 간 교전을 두고 지켜보자는 것이며 쿠데타 협조했다는 것은 생각할 수 없다. 역쿠데타란 생각지 않았다. 피터슨에 따르면 그라이스틴 대사는 한국에서 쿠데타가 일어날 경우 첫째, 한국군끼리 전투를 방지하는 것 둘째, 북한 개입을 막는 것 셋째, 정치 불안을 최소화하는 것.

대통령 11대 5공이 출범이다

일당 독재 군 권력 앞에 언론 기능이 무참히 인권과 유린되어 짓밟히는 시대적 상황이었다. 의도에 근거하여 변질에 싹이 틔어지어 미혹을 일삼고 아첨주의가 기생 권력, 수법 온갖 것들로 변절 아닌가? 우리 선열 민족정기 지조가 조국 독립 투혼정신이 시대에 흐름을 생각하여 보면 "정의가 아니면 타협에 쫓지 말라." 선조 한국인의 지조지계가 무너지는 참이 아닌가 한다. 그것이 또다시 군의 권력욕이 시기적으로 정권 획책할 계획으로 언론인을 유언비어 몰아 무더기로 구속하는가 하면 700여 명 언론인이 자기 변호 기회도 없이 추방되었다.

국민에게 원하는 방송으로 몰고 가기 위해 뉴스를 멋대로 조작해 언론인 언론기관을 독립된 언론 기사를 사실대로 기술하는 것이 아니라 통치권력 지침에 따라 뉴스조작을 하는 것이다. 필요에 따라 허위 왜곡 편파를 서슴지 않았다. 그러나 자정이라는 이름으로 신문협회를 결의하여 언론사 스스로 손발을 잘라내는 형식을 강요했는가 하면 언론계는 저항할 수도 없는 상황, 여세를 몰아 군부는 신문 통신 방송 통폐합을 단행한다. 자진해서 언론사 스스로 목을 자르는 비열하며 잔인

한 수법이고 참언론 부재, 게다가 언론 기본법을 만들어 언론의 생과 사를 100% 문공부장관의 장악하에 보도지침에 따라 검은 것을 희다 하면 흰 것으로 암흑상황, 그것이 진리란 논리이다. 일본의 군국주의 망령이 다시 한국에 되살아나 휘젓는다.

그야말로 빨간 거짓말이 장관의 입에서 거침없이 나오며 그것이 신문방송에 거침없는 보도되며 그것을 반론하지 않았다. 큰 신문사 편집국장이 정치부장 권부에 끌려가 두들겨 맞는다 해서 독자에 바른 인식하게 할 수 없는 아닌 것일 뿐이다. 이처럼 7년에 언론 무소불위 억지로 대구 대전 광주에 취재원을 둘 수 없으며 런던 워싱턴에 특파원을 상주시키는 모양새를 두기를 하는 후안무치를 떨었다.

남영동 대공분실

80년 5월 17일 비상계엄 선포 체제 속에 소위 민간 폭도로 언론을 뒤엎어 실체를 왜곡 사태를 현지와 다른 검열 보도 언론으로 뒤바뀐 정국을 관리유지 및 권력 집권체제 하려는데 언론의 탄압과 통제 장악이 언론 통폐합이다. 반면 계엄발동 권력 기조에서 정권유지 위한 위상으로 권력 강화 즉 보안유지 보안법 적용 안보이며 어떤 국가 체제를 유지하고 체제파괴 세력에 대응하기 위해서 체제수호를 명분으로 꾀어 채워진 민주체제 수호하면서 진정 인권 자유 헌법 기본 정신인 시민혁명 체제를 독재체제 세력이 위험천만인 오류를 범하는 것이 비판되고 있다. 그러나 5공 시절 대공경찰은 주 업무가 좌경용공과 시국사범 수사했던 것이 81년 11월 후 고문과 탈법수사 공권력에 대한 국민의 불신과 비난이 대상되었다.

86년 10월 치안본부 제4조정관(차장 치안감)에 속했던 대공부가 제5조 정관이 신설되며 대공 1, 2, 3부를 9개과로 확대해 일선 경찰서 없던 대공과로 확대 전국 200개 경찰서 중 102 대공수사과 그리고 남영동 수사단은 간첩 및 반국가 사범을 다루는 대공수사 제1단과 학원 노동 문화 종교 분야(사람 모이는 곳임) 좌경 의식화 사건을 전담하는 다른 기능에 비해 전문성이 요구되는 수사요원의 자질부족 권력비호 불법수사 관행으로 국가 사범 양심수라는 일반 인식 초래와 임의동행 빙자한 불법 영장 없이 구금 불법 압수수색 고문수사 관행이었다.

80년부터 88년 9월까지 국가보안법 위반사범이 1,565건에 2,232명 달한다. 처리간첩 65명 지나지 않는다. 86년에 급격히 증가했으며 80년대의 1,207명보다 절반이 넘게 86년 기준 증가했다는 것이다. 그러나 민추협 고문 김근태 의원 민주당 대표 그분은 전기 고문사건 후유증으로 사망했다. 그리고 87년 1월 14일 박종철 물고문 사건이 감춰질 위기인 반면에 이르러 용산 중대 부속병원 김인상 의사 32세 그 진단에서 물고문 치사 물속에 처박아 넣어 허적거리며 발버둥치다 머리 들어 올리니 억하고 쓰러졌다는 것이다.

참형(斬刑)할 사건이 사실을 은폐하려 했고 김 의사는 며칠간 고민 괴로움 끝에 친구에 사실을 알렸고 그것이 세상에 밝혀지면서 여론이 들끓었다. 그 비근한 사례로 국민의 아픈 심금을 대변하여 주는 동아 4

분 만화에 박종철 아버지는 유해 처리 뒤따라가면서 하는 말 "땡철아, 이 애비 할 말 없데이." "꼬바위" 연재만화 기사는 우리의 가슴을 무겁고 숙연하게 했다.

87년 6월 연세대 이한열 사회과 2년이 최루탄 이마에 맞아 다음날 사망이 이른다. 국민에게 참담과 분노를 감출 수 없는 격분이 사무치게 하여 짓눌린 그들의 탄압정치 호소할 길 없는 증오심이 용솟음치는 배반에 적대감이 단죄(斷罪)할 감정이다. 때문에 호헌철폐가 참의 민주주의 실현의 지름길인 바 철폐 호헌 민주 위한 외침이 하늘에 이르는 몸부림침이었다. 대공분실에서 국가보안법 위반사건들이 대부분 고문시비 당시 가족 및 재야로부터 보안법 위반 용공 조작사건 반발과 비난 받아 공권력의 도덕적 치명적 공권력 행위 비난에 대상이었다.

방송민주주의를 위한 우리의 결의

국민 여러분께 드리는 글 : KBS MBC 노동조합 5천여 조합원은 지난날 언론의 사명을 망각하고 저도권 방송으로 전날에 편파 왜곡방송으로 국민 여러분의 올바른 눈과 귀가 되지 못한 점을 심히 부끄럽게 생각합니다. 이제 KBS MBC의 조합원은 그동안의 과오에 대한 뼈저린 반성과 함께 국민 여러분의 사랑과 신뢰를 받는 공정한 방송을 실현시키기 위해서는 그 제도적인 보장이 선행되어야 한다는 인식 아래 회사 측과 단체교섭을 하고 있습니다.

현재 MBC 노동조합은 회사 측이 그 제도적 보장의 일환인 편집 책임자 추천제를 정면 거부함으로써 단체교섭이 결렬돼 쟁의발생 신고를 냈으며 KBS 노동조합은 회사 측이 그 제도적 보장책에 대한 협상조차 기피해 단체교섭에 전혀 진전을 보지 못하고 있습니다. 저희들은 지금까지와는 달리 정치권으로부터 벗어나 국민 여러분이 원하는 방송으로 새롭게 태어나야 한다는 각오 아래 다음과 같이 우리의 결의를 천명합니다.

1. KBS MBC 노동조합은 국민의 신성한 알 권리를 존중, 보장하기 위한 공정방송공의 실현에 단체교섭의 최우선 목표를 둔다.
2. KBS MBC 노동조합은 편성보도 및 제작 관련 책임자의 추천제를 반드시 관철시켜 방송이 정치권의 시녀로 전락하는 것을 제도적으로 방지한다.
3. KBS MBS 노동조합은 오역의 역사를 청산하고자 하는 5천여 전 조합원의 뜻을 회사 측이 더 이상 외면하지 말고 단체교섭에 성실히 임할 것을 촉구한다.
4. KBS MBC 노동조합은 당면한 국가 대사인 서울올림픽이 성공적으로 개최되도록 방송 공인으로서의 역할을 다할 것을 다짐하며 이를 위해 단체교섭은 조속히 타결돼야 한다.
5. KBS MBC 노동조합은 국민의 알 권리를 저해하는 현행 방송 관련법을 개정해 방송체제의 올바른 위상을 정립한다.

KBS MBC 노동조합은 우리의 이 같은 정당한 요구가 관철될 때까지 투쟁해 나갈 것을 결의하며 국민 여러분의 뜨거운 성원과 격려를 바

랍니다.

KBS 노동조합, MBC 노동조합

광복 이후 방송 언론의 무한한 발전과 정치 사회 교육 문화 과학 예능 스포츠 기타 부분에 미디어 기관의 규모 인적 장비 질적 내용 발전과 역할에 의한 시청자 독자 국민에 기여와 공헌 세계 뛰어넘는 우수한 방송 매체로 세계 이상 수준 도약한다는 데 이의가 없지 않은가?

하나 돌아서 지난날 시대변천 과정에서 생각하여 보면 언론의 역할로서 실체를 들여다본다면 어떠했나? 헌법상에 명시되어 있는 2공 헌법 제13조 모든 국민은 언론 출판의 자유와 집회 결사의 자유를 제한받지 아니한다. 정당은 법률이 정하는 바에 의하여 국가의 보호를 받는다. 단 정당의 목적이나 활동이 헌법의 민주적 기본질서에 위배될 때에는 정부가 대통령의 승인을 얻어 기소하고 헌법재판소가 판결로서 그 정당의 해산을 명한다 되어 있다.

광주사태를 밝힌 외신보도 독일기자

2016년 1월 25일 별세한 독일의 출생인 위르겐 힌츠페터가 광주학살 당시 녹음기를 담당한 동료와 함께 19일 서울을 거쳐 계엄군의 곤봉과 대검 학살 21일 전남 도청을 발포현장 담은 필름을 허리에 감춰 광주를 빠져나와 필름을 도쿄를 거쳐 독일 방송국 본사로 전송했다. 광주항쟁의 현장 영상이 세계 최초로 5월 22일 서독 전역에 방송되었으나 국내서는 알지 못했다.

광주시민 자치 이야기 영상에 담아 제목 기로에 선 한국이란 이름 다큐멘터리 제작 유학생 등을 통해 국내에서 80년대 초 대학가요제 때 위험에서 은밀하게 상영했다 한다. 한국일보 기억할 오늘에서 그는 86년 11월 광화문 시위 취재 중 사복경찰에 구타당해 목과 척추 중상을 당하기도 했다. 평생 한국에 묻히기를 바래 그의 유품 모발 손톱 일부를 망월동에 5.18 묘지에 묻혔다.

보도는 암흑사태 눈 귀를 가린 대로 언론을 검열감독 통제하에서 언론이 사태 격변 속에 통치권자 수하에서 국민의 기본권인 출판 결사 자유의 헌법상 의미와 가치 상실하는 경우가 있거나 언론이 정권에 맞춰 방송노조 방송프로그램 편성 제작 간섭으로 업무기능 마비 심지어 해고를 서슴지 않은 탄압행동이 국민의 방송 언론 침해를 당하니 갈등 치유보다 공영성 역행이 공정성 품위훼손 수없는 방송언론 사건으로 사회적 감성에서 차분하고 안정감 미래의 컨텐츠 지향할 역할이 국민 의식 수준을 고양(高揚)보다 침체감에 빠지게 하지 않은가?

어떤 국가도 정권에서 언론에 통제 간섭을 가하여 언론의 독립성 정치에서 중립성 공영상의 공정성이 보장되지 아니하여서는 언론 기사 프로그램 편성 제작 가동될 수 없이 정권에 의도로 정치 정략 대상으로 암묵적으로 짓눌려 국민이 눈과 귀 입이 막혀 지내며 말로만 민주주의 지배자의 언론 권한이 국민에게 반영돼 검은 것을 흰 것이다 하면 그것이 진실이 되게 그렇게 하는 언론 폭력이다. 언론 정의 정당성을 공정 정보를 지키기 위하여 언론 노조는 목숨 걸고 투쟁하는 데에 시청자 국민이 지켜야 할 명분이 무엇인가 지켜봐야 하는가 되겠다.

92년 10월 3일에서 MBC 사태를 걱정한다. 동아 사설 살펴보면 누가 잘잘못을 가리기 쉬운 일이 아니나 엄밀하게 말하면 사태가 아수라장이 되어 공권력을 불러들여 노조 간부들을 전격 구속사태가 벌어진 바이다. 전파는 국민의 소유이며 이는 정파는 물론 특정 집단에 의한 전횡(專橫)*이다. 6공 출범 후 노사 간에 갈등에 의한 산업현장 대립과 소요는 국력을 낭비는 물론 국가경영에도 차질을 빚는다.

대표적인 방송인 MBC KBS 방송 민주화라는 시대적 명제를 놓고 노사 간 갈등으로 인한 파업 파행 방송의 수난을 겪어온 대화 조정을 통해 정상궤도에 오른 지금 유독 MBC만이 공권력 불러들인 속사정이 무엇인가? 그러나 간과해서 안 될 문제는 공영방송 담보로 한국 한인 대립이 국민적인 소유인 전파관리의 수임자인 방송인들의 취할 바가 아니다.

오늘날 우리 방송의 당면과제는 뭐니 뭐니 해도 뉴스의 공정성과 교양 재미를 곁들인 품위 있는 방송이다. 국민은 여도 야도 없는 정국 속에 선거를 앞두고 방송이 각 정당이나 후보자들의 정치적 형태를 공정하고 신속하게 전송해 줌으로 공명선거에 앞장설 것이다. 방송이 자중자란으로 1달간 정규 프로그램을 접어 묵은 재방송으로 표류하고 있

---

*전횡(專橫) : 권세를 독차지하여 자기 마음대로 함

는 사태를 국민들은 용납하지 않을 것이다. 노사는 아집과 이기주의를 버리고 방송 정상화에 나설 것을 촉구한다.

선거비리 태동(胎動)

48년 5월 10일 첫 국회의원 선거 당시를 기억하면 장날이면 점심 풀어 먹이기를 하니 타 후보자도 따라가서 시행하는 사례가 몇 년간 지속하였다. 그렇다 보니 장간이 떨어져 이웃에 장간 부탁이라 한다. 이 사례가 온정주의 부정을 잉태하고 그 부정의 싹을 낳아 그놈에 부정비리가 세상을 선거비리 부정으로 제멋대로 활개 치어 혼탁 탄류로 갖은 짓을 행사하여 당선 위주 행동이었잖은가? 바로 비리 실태 실체가 시간이 흘러 지나가며 그 비리 사태는 다양화되어 가 권력유착 관권선거 흑색이념 공세 두려움 없이 시대를 거쳐 요식접대 관광행위 선물공세 암암리 금품살포 수단 방법이 교묘 교활하게 되어 할 수 있는 지능화 진행 실체가 공공연히 드러나게 되었다.

뿐만인가? 공명선거 말일 뿐 믿을 사람 있을까? 내통하는 사람 끼리끼리 암암리 활동 세력화 수단이 다양각색 또한 혈연 동창 친지 학벌 기득권 행세 역할에 당선되어서 유망인사로 과시 서민이 말 없고 고상한 인사로 전환하니 세상 요지경 속이지 않은가 한다. 정의가 그렇고 그러한 세상 신뢰할 수 있는 사회가 무너지는 바이겠다. 어찌할 수 없는 약자 무능인 당대 현실이겠다.

비리 남이 하는데 나라고 아니해 어찌하나? 그렇다 하니 나는 손해 보아야 하는가? 일반적 인식 수준이겠다. 불공정 불확신한 사회 공정 정의 기대할 수 있는가? 무너져 가고 불확신 현실 사회를 어느 누가 추태를 성토하였는가? 그렇고 그러한 것 그런 거 그렇다. "말" 여기는 생각 '선거 비행은 사회 비리 전화(轉化)'로 사회비리 온상 천태만상이 사회 오욕(汚辱) '전노 비행 사회상 극(極)의 자화상' 케이스이겠다. 불공정 속에 과시 권위 행세 힘없는 이 어디에 대고 불안 하소연하는가? 선거 비리 계속되고 있지 않은가? 오욕이 계속이다.

권위와 존엄

단상이 권위요 존재가 하늘 위가 위상이라
거칠 것 없는 자리 하늘 아래이다

권위적 존엄 위품(位品)이 영웅시대 가늠한다
국민이 무소불위(無所不爲) 대상이라
어찌하려 한들 느그들 어찌하겠냐?

품성이 고상한 품위로 바뀌어
장황한 발언이 권위가 찬 생각이다

단상의 위엄에 서민은 애고 매! 해야
그래야 직성이 풀리는가?
품위 가장한 권위 발언이 지고(至高)한 자세

비판 언론 등급별 관리 … 취업에도 제한

A급 극렬 비판 순화 불가능

B급 비판 언론 재개 가능성 있으나 순회 미행 감시 요구

C급 비판 성향은 잠재 있으나 특히 동향 없으며 순화만으로 상황 가능자

D급 문제성 있으나 자숙하며 생계에 전념 중인 자(1982년 7월)

과거사 진상규명위에서 언론통폐합 보고서에 신군부 보안사가 강제로 해직 언론 통폐합에 깊숙이 관여한 것으로 드러났다. 보고서에 따르면 국가보위비상대책위원회 80년 8월 정화 대상 A, B, C, D등급으로 나뉘어 문공부에 통보한 것이다. 문건에는 정화 보류 44명 정화자 938명 이름 옆에 등급 따로 적혀 있고 정화 사유 국사 부정 10명 반부정 243명 부조리 341명 등이다.

80년 당시 해직자 711명 신분에 따라 취업을 제한했다. 부국장 이상 42명은 1년 부장 이하는 627명 6개월 나머지 A급 13명 영구 제명 B급 96명 1년 C급 602명 6개월 보안사 정보처 정보 2과에서는 계속 정보 파악했다. 신군부 유리하게 여론을 조성 위한 언론인 회유 계획에 따라 보안사령관이 언론사 주 간부들과 가진 간담회 만찬 기록도 나왔다. 이후 정부는 국가책임을 공식 인정하고 국민에게 사과해야 한다. 한수사 사필화 사건 오홍근 테러사건 피해자들에게 공개 사과하고 피해보상을 해야 한다고 권고했다.

10월 27일 법난

80년 10월 27일 신군부에 비협조적인 조계종 개혁세력에 경계감을 주는 월주스님 사퇴시키고 전국 5,731곳 사찰 강제 수색했다. 불교계 명예회복위원회 원장(법타스님) 국방부 논평하면서 조사로 1980년 2월부터 계엄사 회의에서 월주 총무원장 조계종 집행부 호국불교 대신 저항 불교할 우려있다는 점 사찰 불순분자 숨은 구실 다룬다는 것을 기록한 점이다. 주원스님은 총칼로 정권을 장악한 신군부가 불교계 정화 명분으로 내정 간섭하고 탄압한 것이 이번 조사를 통해서 밝혀진 그런대로 다행이라 이를 교훈 삼아 앞으로 정부는 교육문화 모든 분야가 창의적으로 운영될 수 있도록 해야 한다. 전두환 노태우 정권은 불교계 비리 자체 정화 부재 등 원인인 것은 만행은폐 위한 거짓이 명백하게 드러났다고 밝혔다.

분신(焚身) 해결책 안 된다

정치 불안 사회 전체의 책임(일간지 21463호). 강경대군 구타치사에 항의하는 대학생 분신자살이 열병처럼 번지고 있다. 스스로 몸을 불살라 목숨을 끊는 극단적 항의 표시는 인명경시 풍조라는 우려와 함께 국민에게 엄청난 충격을 안겨주고 있다. 또 정상적인 항의 수단을 포기하고 자살이라는 극단적인 최후수단을 택하는 것은 문제해결이라는 것보다는 고귀한 생명을 저버리는 결과만을 가져온다는 지적이다.

지난해 70년 2월 노동자 김태열 씨는 분신자살했다. 75년 서울대생 김상진 할복자살 이후 20년이 지난 지금도 이런 악순환이 되풀이되고 있는 것은 제도적으로 정상적인 항의 수단이 정착되지 못하였기 때문이다. 70~80년대 발생했던 분신 투신 할복자살을 한 대학생 노동자들 통해 시대적 상황을 되돌아본다.

지난 86년 4월 양키스 용병교육 전방입소 거부시위를 벌이던 서울대 김세진 이재호군의 분신자살과 한 달 후 미 제국주의 타도 외치며 분신 투신한 서울대생 이동수군의 경우는 당시 반미 분위기가 고조되던 5공 대표적 대학생 분신사건이다. 80년 이후 해마다 5월이면 대학가에 열병처럼 퍼진 대학 분신은 5공화국 7년 동안 독재정권에 항거하다 숨진 62명 고귀한 생명 가운데 19명이나 차지한다.

6공 들어 88년 5월 15일 명동성당에서 서울대생 조성일군 통일문제 반미 양심수 석방 주장 할복 투신한 대학생 조군은 양심수 석방 문제로 정치 사회 등 쟁점화하였다. 88년 조군 투신에 뒤이어 3일 후인 12일 단대생 최덕수군이 분신했고 6월 4일 광주학살진상규명 촉구하면서 숭실대 박내전군이 온몸에 신나를 뿌리고 스스로 목숨을 끊었다. 재야단체 학생들은 미수연사를 추대 이들 장례를 위해 민주 국민장이라는 재야식 장례를 치뤘지만 국민들은 냉담한 반응을 보였다.

89년 4월 7일 기성회비 동결요구 시위 중 자주 민주 통일 등 구호를 외치며 서울교대생 남태현 분신 숨졌다. 이들 대학생들의 분신이라는 극단적 방법의 의사표시는 당시 민주화나 양심수 석방 등 개선되지 않은 현실정치 상황에 대한 불만에서 비롯됐고 최근에는 공권력이 대학가와 노(怒) 현장(現場)에 자주 동참함으로써 더욱 자극을 받고 있다. 등록금 동결투쟁을 벌인 명지대 총학생회장 구속하는 등 학내문제를 대화와 타협이 아닌 공권력의 힘으로 해결하려던 데서 비롯된 것이 강군사건이다. 강군의 죽음을 초래한 공안통치 종식을 요구하며 잇따라 분신한 안동대 김영균과 경원대 천세용 전남대 박승희양 분신 중태의 1차적인 원인도 현 정권의 위기관리 능력 부족 비롯된 것으로 볼 수 있다. 이 가운데 공권에 대표되는 박종철 고문치사 사건 이한열 죽음 민주화를 위한 줄기찬 커다란 물줄기를 트는 데 기여했다.

84년 11월 30일 노조 사무장 해고 항의 분신 택시운전사 박종만 9월 19일 회사 위장폐업 항의 강제진압에 항의 농성 중 분신자살 경기 안산 금강 노조원장 박성호 노조간부 원태조 대표적이다. 87년 8월 대우 옥포조선소 근로자 이석규 시위 도중 경찰 최루탄에 맞아 사망 80년에 노사 비극으로 꼽힌다. 대학생과 근로자들의 분신과 투신자살에 사회 각계에는 우려의 목소리를 내고 있지만 당장 이들에게 인간의 존엄성을 강조하는 것이 현실적으로 공허하다고 느낌을 지울 수 없는 것이다. 젊은 대학생들은 사회 구조적 부조리 주체할 수 없는 염증과 갈등 느끼면서 목숨 끊는 방법 의해 돌파구를 찾아내지 못하는 것은 개인 책임이 아니라 보다 사회 전체 책임이기 때문이다. 그러나 사소한 문제까지 몸을 던져 항의하는 방법은 사태에서 알 수 있듯 결코 바람직하지 않다.

초점

유신 정세(政勢)와 80년대 암흑기 대학가 배움의 지성인, 노동자 그 외 시대적 염증 세태에 주체할 수 없는 갈등의 현실에 분개와 비탄의 극단적 선택이 시대의 아픔이 된 그들을 인간의 존엄과 위로서 돌아보는 계기로 삼아 원안을 싣습니다.

민주 위한 장정(裝幀)

6월의 불볕 뙤약볕 아래
대학가 시민 호헌 철폐 절규

길거리에 땀범벅이 되어 갈증과 실신
나둥그러지다

민주주의 고지 탈환
살길이 민주요 호헌 철폐
병원으로 실려 가도 호헌 철폐 외침에
천지와 하늘이 분노한다
권력정치 지겹디 지겨워 청산이다

국민(國民) 바람 호헌(護憲)
철폐(撤廢)를 선언하노라!

4월 13일 호헌 발표

87년 민주화 직선제 국민의 열망시대 변화할 수 없는 바람이었기에 기대차 직선제를 고대했건만 어긋난 역시나 호헌을 발표하여 국민 저항에 부딪혔고 보다 1월 14일 박종철 물고문 치사사건을 손으로 하늘을 가리려는 은폐조작은 거짓이 참 진실에 기생하려도 참이 받아주지 않은 진리라. 참 진실이 죽으면 정의도 죽어 사라진다. 사회는 혼란에 빠지게 되어 바로잡아야 한다. 즉 거짓의 악성이 위선을 가장해 억누르면 참의 반작용 저항이 일어나 거짓 위선은 살 곳이 없는 자리다.

그러므로 국민 가슴에 분노를 지펴 호헌철폐 시위 지속 차량 경적 시위 서울에서 호헌철폐 시위 중에 연세대 이한열군이 파편에 맞아 출혈로 사망하게 이르러 국민의 분노는 하늘이 놀랍게 전국 대도시 부산 대구 광주 인천 등 시위 불길을 걷잡을 수 없이 일어나고 6월 10일(순종왕 장일) 이한열 장례일 인산인해 직선제 호헌철폐 요구 민주주의 열망 국민운동의 불길은 돌이킬 수 없는 민주화 열망과 요구가 국민 주권 민주주의 시대적 욕망을 잠재울 수 없었다. 78년 6월 29일 노태우는 항복합니다. 직선제 실시 선언이었다. 민주주의 실현에 국민 쟁취였다.

이제 군정 청산 민주정치에 정상궤도의 첫발이었다. 한데 생각하여 보아 광주 민주화 학살에 국민은 찍어주고(학살을 인정한 셈) 탄압과 시달림에 놓여 당했던 사실이 북괴 때문인가? 주체성 여부(與否)에 관한 실상인가? 시대에 울며 비정에 아픔을 겪었다. 북괴는 탐탐히 노리고 국정 운영을 누가 하는가? 난국이라 "대의원제는 국민 기만행위", "정권욕 위장된 민주주의였다." 그 당시 귀가 여린 국민? 정체성이 확고하지 않은 국민이었을까? 대의원 구성시켜 주고 고통을 당했다. "울며 겨자 먹기" 국민이 똘만이 취급되었다. 이도 저도 Irony.

5, 6공 청산 바람의 소리

87년 10월 29일 헌법 5년 직선제, 국회 국정감사권 신설하는 헌법 개정에서 13대 노 대통령이 87년 12월 16일 노태우 후보 어부지리격 당선을 한다. 88년 4월 총선에 전두환 5공 관해 권력으로부터 축재를 수단 위협 규합으로 얼룩진 5공 청산하는 심판 없이 새로운 공화국 역할을 시작할 수 없다. 6공 노태우 대통령 우유부단하여 당사자가 국민 앞에 솔직히 용서 비는 사과 발언해야 한다는 원론에 직면이 정계의 견해이다. 이러하듯 5공 청산이 토양상으로 보아 가능하겠나? 그 후 전두환 대통령 88년 11월 23일 강원도 백담사 들어가 은둔생활에 들어간다. 김영삼 의원은 노태우 김종필 3인 3당 90년 통합에 주역으로 봐야 하며 통합이 곧 민정의 대통령 수순을 밟아가는 교두보 활약이 되겠다 하는 생각이다.

5.18 민주화 운동에 관한 특별법

5.18 민주화 운동에 관한 특별법을 1979년 계엄사령관 정승화를 신군부 전씨가 하극상 12.12 체포를 감행하고 1980년 5월 17일 광주의 민주화 시위운동을 잔혹하게 학살한 헌정 질서 파괴범죄 행위에 93년 5월 13일 김영삼 대통령은 12.12사건은 신군부 하극상 규정하고 문

민정부 5.18 민주화 운동 평가를 역사에 맡기는 취지 발언에서 93년 7월 19일 당사자 육군참모총장 정승화와 장태환 수경사령관이 전두환 노태우 5.18 내란 및 반란 살인혐의를 서울지법에 고소했다.

94년 10월 29일 검찰은 명백한 군사반란이지만 국력 소모 이유로 기소유예 처분한다. 95년 7월 18일 검찰이 5.18 광주 민주화 운동은 강경진압 무고한 양민학살 비상계엄 확대 정치인 체포 감금 및 정치 금지 정권장악 위한 국보위 설치 최 대통령 재가 사전 지시 없이 기획 추진되었음을 밝혔다. 성공한 쿠데타 내란 반란죄 관계없이 처벌 기소 없다는 논리로 불기소 처분을 했다.

이에 민주당 당보 거리 배포 지구당 규탄 피해자 시민단체 김 추기경 종교단체는 기소유예 철회 공동기자회견 광주학살을 역사에 묻으려 한다. 국민 반발이 일어나 촉구에 나섰다. 88년 국회 진상조사 관련 청문회가 진행되고 국가 기강을 바로잡고 민주화를 위한 국법 문란 학살에 책임자 처벌을 나서 이에 대한 특별법 제정이 국민적 바람이었다.

95년 11월 27일 헌법재판소가 5.18 내란사건을 불기소 처분에 헌법소원 제기에 따라 검찰의 공소권 없음은 부당하다 밝혔으며 12월 15일 헌법재판소는 성공한 쿠데타라도 형사처벌이 될 수 있다고 밝혔다. 그러므로 여야 합의에 제정되며 헌법상 내란죄 외환죄 집단살해죄 군형법상 반란죄 이적죄 등 공소시효 배제하여 헌정질서 파괴범죄에 관한 특별법이 95년 12월 19일 제정 재적의원 247명 중 찬성 225표 반대 20표 기권 2표로 가결되었고 12월 21일 공포한다.

95년 9월 국민의회 특별법 제정에 나서자 민주자유당 5.18 특별법이 초헌법 선동정치 소급입법이라 반대 표명을 했다. 이같이 진행 과정에서 13대 노태우 대통령 88년 2월 25일 취임 88년 9월 19일~10월 3일 올림픽 성공적 마쳤고 사회안정 확립을 위해 범죄와 전쟁 선포했다. 93년 2월 24일 임기 마친 후 95년 박계동 민주당 의원이 노태우 비리 비자금 관한 국회 공개 폭로하면서 이번에 계기 상황이 되어 11월 16일 대통령 첫 구속 수감되며 12월 2일 연희동 사제에서 김영삼 대통령 문민정부는 5공 6공 대한 과거 청산이란 증거 없는 술책을 왜곡하려 한다. 5.18 특별법 강행한다면 소급입법 헌정사 씻을 수 없는 오점을 될 것이라 국민이 결코 용서하지 않을 것이다. 소환에 절대 응하지 않을 것이라 변호사를 통하여 골목 성명을 내고 현충원을 들려 고속도로 경남 합천 고향으로 갔다.

11월 30일 검찰은 12.12와 5.18항쟁 특수부를 설치 검찰이 도주로 간주하여 군형법상 반란 수괴혐의로 대감찰청 중앙수사관 합천으로 갔으나 청년 저지 나서 합천경찰서장 공무집행 방해 체포 경고하여 전 씨를 12월 3일 영장 집행하여 안양교도소 압송 구속 수감한다.

96년 8월 26일 1심에서 반란죄 뇌물죄 구속 사형 추징금 2,259억 5천만 원 96년 2월 20일 항소심에서 무기징역 추징금 2,205억 판결을 받는다. 노태우 재임 중 기업들로부터 받은 금액 3천 4백억 내지 3

천 오백억 징역 17년 추징금 2,628억 선고했다. 98년 1월 13일(동아기사) 거둔 돈 9,500억 비자금 7천억 중 뇌물 2천억 국민이야 상상, 감이 다가가지 않은 돈이니 국민 학살에 어안이 벙벙이라 할 말을 잃다.

전두환은
11대 1980년 9월 1일~1981년 2월 24일
12대 1981년 3월 3일~1988년 8월 24일

1988년 11월 23일 87년 6.29 선언 후 이상 정치활동을 할 수 없어 정계를 떠나 국민께 드리는 담화를 내고 부인과 함께 10월 27일 법란 있었지만 백담사에서 수용 2년간 1990년 12월 30일까지 보살펴 주었다. 그래서 백담사 찾는 이가 많다. 1997년 12월 22일 김대중 대통령에 의해 사면되었다.

후환무치
입술을 내밀어 대다
입술이 서슬어지게 시퍼렇다 못하여
거품이 들끓어 오르다
아직도 화가 삭아들지 아니했나

위엄을 떨치려는 억압의 발상에서
친애하는 국민 여러분
친애하는 국민

富의 蓄財는 하지 말아야 합니다

더욱이 公職者 축재해서 되겠습니까?
후안무치(厚顔無恥)이다
왜 이래 귀찮케!

허무맹랑 소리

가슴에 묻고 세월은 흘러가나
아픔을 잊을 수 있으랴
남의 일로 치부(恥部)할 것인가?
북괴 어느 뉘 소행이라 말한다

세상을 아혹(訝惑)**하니
어떤 말을 하여야 할까
북괴의 짓을 실체를 증명해야 한다

가히 상상이 아니되
어이 하려 기상천외
발언인가?!

잔악상을 보여주는

**아혹 : 괴이하고 의심스러운 소리

실상이 도를 넘어서다

발포자 규명 없이 참의 사과 없다

민주주의 경험, 실현 기회 없이 넘어갔다

민주주의 국민의식 소양을 갖추기에 오랜 시간 지나는 과정에서 생각하여 보아 순조로운 정치환경을 벗어나 달리 불행하게 인권 자유 평등 민주이념의 가치가 불순과 독재로 공동체 시민사회 국가에 대한 충정 견해를 생성할 기회를 정치권력이 강압 부당으로 이끌어 정체성 확립을 갖추기 전 성숙해야 할 민주 시민의식을 짓밟은 바다.

이승만 정권의 자유당 횡포체제에서 독선과 부정비리가 전형적 현실이며 박정희 군사정변의 헌법정지 국회해산 계엄 유신정권 창출 정치사에 또 압박 통제 간섭 탄압을 받아 정치적 사회 국민의 의사 결정 민주적 국가 지향할 추구 기대나 바람에서 민주주의 소양의 토양을 경험할 학습 경험 체험을 제대로 실현될 기회가 되지 못했다 돌아보게 한다.

게다가 기회찬탈 신군부 하나회 집단 민주시민 광기 학살 언론 암흑 봉쇄 언론 통폐합 비인간적 삼청교육대 남영동 대공분실 체제수호 위한 꿰맨 탄압에 민주시민 의식이 정치 사회 격랑 환경에서 민주주의 경험 축적 환경이 될 수 없는 정치환경이고 반면 그 탄압 독재권력 앞에 역으로 민주주의 자유 평등 인권 헌법 기본 가치 의미에 소중함을 격변 속에서 소생할 기회가 될 수밖에 없겠다. 그리고 선거 과정에서 썩은 비리 혼탁 오염 짓을 뿌리고 민주주의 본연의 지향해야 할 올바른 선거 경험에 기회를 불순 행동으로 점철돼 정치 발전할 기회를 저해하는 오류(誤謬)로 혼탁을 야기시켰다.

그러므로 민주의 가치 철학 시민의식 정체성 확립 성숙할 기회를 갖지 못하는 환경에서 민주적 정신 소중함을 역경에서 체험하여 민주주의 가치를 이해하며 소생시켰다 할 수 있겠다. 그러므로 국민이 정당한 값비싼 대가가 아닌 제압 자유 인권 짓밟힌 불행한 경험 속에서 민주주의 싹틔웠다.

오만과 비리

사람의 생각은 자유로울 수 있으나
하고 싶은 생각대로
오만무도(傲慢無道)일 수 없다

행동이 오염(汚染)되어
묻혀진 때 뉘 씻을 것이며
뿌려 놓은 오염에 죄
사회의 혼탁 더럽혔다

오염이 흐를 거다
그러고도 당신의 오만과
자만 아는가 한다

인간 사회는 거만(倨慢) 비리
오류(誤謬) 때를 묻히지 않으려 한다

죽을 이유 모른 죽음 이유가 무엇인가?
말해다오

가는 길

세상을 보려는 눈에
새롭게 새로운 것
보이게 하는 눈

자칫
자기 덫이 있다
자기 덫은
누구의 것일 수 없다

그 덫 올가미
자기 것일 뿐

명경대(明鏡臺) 앞에

●

어찌 말하리오 마의(麻衣) 몸인 내가
젖은 심오한(深奧恨)[*] 아픔 회한이요
나만이 간직한 한(恨) 뉘에 말하리

명경대 앞 수도가
나의 번뇌를 씻어
천년 사직 못 이룬 명경대(明鏡臺) 빛이오

때 묻은 자 어찌 이곳을
당연지사(當然之事)이오!
태자만이 이오, 뉘이?

그러하오나 하오나?
명경대 빛이 천년 사직(社稷)^{**}이요

---

*심오(深奧) : 깊고 고요함

**사직(社稷) : 왕자 주권

천상천(天)

●

바람을 일구어
구름을 휘어 잡아타
날으고 있어

어느 사람 박수쳐
누구는 모르는 체 외면해
하늘 위에 굴림하는데
사람 팔자 알 수 없다
멀지 않다

거목(巨木) 느티나무

●

나이를 자랑하지 않는다
말 않고 지나온 사직(社稷) 묵묵히 서 보니
보고 느낀 것 어찌 나잇살이겠느냐?

그들이 알거라
눈물 없이 말 못하고 가고
눈물 안겨 잡은 정권
말 못하여 가지 않았느냐?

부정 비리 오류 행태 세대 간 정치 과정
참회나 성찰 있었는가?
의사당에 자갈 소리 언제 거두어 내나?

융합은 멀고 남북 화합
통일은 언제 하나?
알거라 알어라
후대 짐을 알기를 하는가?!

제13대 노태우 대통령

●

61년부터 군정이 지속되어 오던 차 87년 6월 10일 민주항쟁에 굴복하여 6월 29일 노태우 직선제 개헌 선언 따라 87년 10월 29일 5년 담임제 대통령 직선제 민주적 개정된 헌법이 시행 있어 민주 진영에서 통일민주당 김영삼 김대중 두 거두는 9월 20일 견해를 좁히지 못하였으며 9월 30일 시각 차이 확인할 뿐 10월 10일 김영삼 출마 선언 이르렀으며 김대중 탈당하여 11월 평화민주당을 창당하여 두 후보 출마하게 되어 민주계 실망과 비난이 일어나게 했다.

6공 13대 노태우 대통령
민주정의당 노태우 후보
통일민주당 김영삼 후보
평화민주당 김대중 후보
민주공화당 김종필 후보

색깔론 야당 후보는 집권을 위해 불순 좌익 폭력 세력과 손을 잡고 있다며 공격했다. 어부지리격 노태우 후보가 당선되어 당시 3김 청산 발언이 비등하였다. 노 후보가 대구 경기 인천에서 우세 김영삼 후보 부산에서 김대중 후보 호남서 우세했다. 그런데 88년 2월 25일 제6공화국 노태우 대통령이 출범하는 취임식을 갖었다. 그는 이현제 국무총리로 하는 내각 명단을 발표했으며 일부 5공화국 장관들을 유임시키었다. 6공 출범한 지 1년이 넘어서도 5공 청산 문턱에 정치권이 표류하며 경제위기 노사분규 파열음 투기열풍 좌절과 불신 늪에 사회공동체 무리가 무너지는 민생범죄 주사파 검거 학원 좌경화 문제 등 그것이다.

권위주의 종식을 제1의 과제 실천을 삼았던 것에서 민주적 리더십을 확실하게 대치하지 못한 채 매사에 우물쭈물 우유부단 그것도 정권이 바뀌며 국민이 큰 질타의 형성된 국민적 공감대를 새민주 질서 바탕으로 이끌 민주적 권위로의 기강을 유도하지 못해 실망감에 물태우라는 소리가 터져나오며 정통성 시비가 다시 고개를 들어 현실을 직시하는 대목되다.

전통성에 의문을 제기하는 사람이 많지 않았지만 노 정권이 불법 타락 선거 시비에도 불구하고 일단 적법한 헌법 절차에 따라 탄생했기 때문이다. 한 정권의 전통성 확보 과정 없이 정권에 전통성은 확립되지 않았다는 논리에서 노 정권의 정통성의 위기가 새롭게 대두되고 있다고 했다. 노 정권의 귀속성이 느껴지고 5공 6공을 구분할 이유가 어디 있느냐라는 의구심의 확산에 심각성이 희재하였다 하는 시대 갈망이었다.

야권도 겉으로는 5공 청산을 되뇌이지만 내면으로 당파적 이해관계 얽혀 정치권 바깥에 긴장감을 수용하지 못한 채 정치상황을 한층 더

爲政국으로 몰아가고 있다. 민주화 이룩할 때까지 굳게 협력한다는 공조체제는 퇴색되는 눈앞의 소이에 무원칙 연합집산을 거듭하는 야권 모습은 무한 이슈로 정국 불안 요인시키는 데 별다른 해소에 도움을 주지 못하고 있다고 표현이다. 이에 따라 5공 청산과 정권의 정통성 문제를 연계시켜 노 정권 퇴진을 요구하는 극렬한 주장이 정치권 바깥에서 광범위하게 터져나왔다.

5공 비리처리 여론조사 2천 명 대상 불만이 72% 국회 출석 요구 의향이 49.4% 특별 검사제 도입이 80.7%이었다. 노 정권의 시행착오 약속 파기 비리 의혹 정쟁으로 지샌 불신 시대 5공 청산이 파행 합의 갈등 탈당까지 리더십 부재로 원칙 소신 없이 표류로 벅찬 파행으로 일그러진 국회 날치기 79건 야권 거센 항의로 폭력 추태 의원 비리 급증이 정치 불신 혐오감 키웠지만 한편 중국과 수교 마련해 통일 기반 마련하는 한편 임기 내에 서둘러 졸속 비판도 나오며 잦은 장관 교체 정책 타임 놓쳐 주택 등 각종 현안에 부담 작용되다 연 8.4% 성장 1인 GNP 6천 달러 돌파했었다. 그러나 리더십 불신 정국 표류에 경제위기 경제 주름살 키웠다. 문민정부 가교 역할에 북방정책 높이 살만한 성과라는 것이다.

한소 역사적 수교

90년 10월 1일 작성지 유엔본부. 90년 10월 한국과 소련 외무상 공동성명이 단절 86년 만에 양국 정상 방문의 대사관 빠른 시일 내에 설치 한소 공동커뮤니케이션 전문 한국과 소비에트 사회주의 공화국 연방은 양국 간 여러 분야에서 우호관계와 협력을 발전시켜 나갈 것을 희망하여 1990년 9월 30일로 대사급 외교관계를 수립키로 결정하였다.

90년 9월 30월 뉴욕에서 한국어와 러시아어로 각각 2부씩 작성되었으며 이 두 원문은 동등하게 정본이다. 헌장에 따라 주권국 및 영토보존의 상호 보존 원칙, 국내 문제 불간섭원칙, 완전한 평등 및 호혜원칙에 기초할 것임을 선언한다. 양국은 이 조치가 한반도의 안정과 평화 정착에 기여할 것으로 확신하며 각자의 제삼국과의 관계에 결코 영향을 미치지 않을 것이라는 전제하에 이를 추진하고 있다.

양국 외교관계가 수립된 후 가능한 빠른 시일 안에 외교공관을 교환 설치한다. 양국은 양국 수도에 상호 외교공관을 설정하고 양국 공관이 그 기능을 수행하는 데 있어서 1961년 외교관계에 관한 바 협약에 따라 필요한 지원을 한다.

대한민국 위하여
소비에트 사회주의 공화국 연방을 위하여

양국 정상 교환방문 합의 대사관 빠른 시일 내 설치 이날 회담에는 양국 외무장관 한국 측 현홍주 유엔대표부 대사 공노명 주소 영사처장 소비에트 측 보론초프 주유엔대사 페트로프스키 외무차관(국제기구 담당).

한중 공동발표문

1. 대한민국 노태우 대통령은 국중 인민공화국 양상비 주석의 초청으로 92년 9월 27일부터 30일까지 중국을 공식 방문하였다. 노태우 대통령은 중국을 방문 첫 번째 한국 대통령으로서 중국 정부와 국민의 정중한 환영과 열렬한 영접을 받았다.

2. 방문 기간 동안 대한민국 노태우 대통령은 중화인민공화국의 장상 주석과 우호적인 분위기 속에서 상호 우호협력 관계를 발전시키는 것이 양국 국민의 이익에 부합할 뿐만 아니라 현재의 국제 정세의 발전 추세에도 일치되며 아시아 평화와 발전에 중요한 의미를 가지고 있다고 인식하였다.

3. 한중 양국 지도자들은 한중수교의 의의를 높이 평가하면서 양국이 과거의 비정상 관계를 청산하고 수교 공동성명의 기초 위에서 상호 선린협력 관계를 발전시키는 것이 양국 국민의 이익에 부합할 뿐만 아니라 현재의 국제정세 추세의 발전 추세에도 일치하며 아시아의 평화와 발전에 중요한 의의를 가지고 있다고 인식한다.

4. 양국 지도자들은 양국 정부가 무역협정 투자보장협정, 경제 무역 기술협력위원회 설립에 관한 협정 및 과학기술 협력 협정을 서명한 데 대해 만족을 표시하였으며 양측은 향후 경제 무역 과학기술 교통 문화 체육 등 제반 분야에서의 교류와 협력을 적극 추진하기로 결정한다.

5. 노태우 대통령은 한반도의 남북대화 비핵화 및 평화통일 실현에 관한 한국 측의 입장을 설명하였다. 중국 지도자들은 한반도에서 남북대화가 진전을 이룩하고 있는 것을 높이 평가하고 한반도 비핵화 공동선언의 목표가 하루속히 실현되기를 희망하고 남북한 쌍방이 한반도의 평화통일을 조속히 실현하는 것을 지지함을 재천명하였다. 양국 지도자들은 한반도에 있어서의 긴장완화가 전체 한국민들의 이익에 부합될 뿐만 아니라 동북아 지역 전체의 평화 안정에 유익하며 이와 같은 완화 추세가 계속 발전되어 나아가야 한다는 데 합의하였다.

6. 양국 지도자들은 동북아 지역 및 아태지역의 경제협력을 강화하는데 이것이 역내 국가들의 발전과 공동번영에 유익하다고 인식하고 양측은 아시아 태평양 경제협력체(APEC) 등 기타 지역 내 경제협력기구에서 협력하는 데 합의하였다.

7. 한중 양측은 노태우 대통령의 성공적인 중국 방문이 장차 양국 간의 선린협력 관계를 가일층 발전시킬 것임을 확신하였다.

8. 노태우 대통령은 중국 측의 열렬한 환대에 감사를 표시하고 양상 국가주석이 편리한 시기에 한국을 방문해 주도록 초청하였으며 양상 주석은 이에 감사를 표하고 방한 초청을 흔쾌히 수락하였다. (이상)

남북 합의서 전문

분단 46년 반목 청산(91년 12월 13일)

제1장. 남북 화해

제2장. 남북 불가침

재3장. 남북 교류 협력

제4장. 수정 및 발효

남북 고위급회담 남측대표단 수석 대표

대한민국 국무총리 정원석

북 고위급 회담 북측 대표단 단장

조선민주주의공화국 정무원 총리 염영묵

외교면에서 외교 지형도를 개척하는 성과를 세워 공산권 국가 소통 외교활동이 동북아 새로운 질서 변화 무역거래 안정에 기틀을 세운 외교적 성과이겠다. 이같이 진행 과정에서 노태우 대통령 88년 9월 19일 ~10월 3일 올림픽을 성공적으로 마치고 사회안정 확립을 위해 범죄와 전쟁 선포했다. 93년 2월 24일 임기 마친 후 95년 박계동 민주당 의원이 노태우 비리 비자금 관한 국회 공개 폭로하면서 이변에 계기 상황이 되어 11월 16일 대통령 첫 구속 수감되었다.

일간지

헌법 가치에 근거한 민주주의 원리에 따라 국민의 권리와 의무 삼권 분리주의 바로 선 행정 입법 사법권이 독립된 헌법을 짓밟은 땅을 허용할 수 없음을 천명하노라. 사법계는 부끄럽지 않은 역사를(歷史) 부끄러운 역사 쓰지 마시오. 법원 검찰 직원 브로커 뺨친다. 소개 복비에 눈독 접수 거부 횡포 잦아 내용 실정 모 P씨는 교통사고를 내서 인근 한 지원에 P씨 가족은 법원에 직접 보석 신청을 접수하러 갔다. 접수계 직원이 선뜻 받아주지 않았다. 왜 그런가 알아보니 잘 아는 변호사가 있는데 판사와 잘 통한다는 것이다. 접수가 되었지만 변호사 문제를 다시 생각해 보라 한다는 것이다.

불공정 부당 사회의 실태(2002년 일간지 기사)

누이 좋고 매부 좋고 죄의식이 없는 사회가 보이지 않다. 공정사회 선진 사회 나가기 위해 촌지 도려내야 한다. 주면 통한다. - 뒷돈 사회. 금품이나 접대가 제공되는 경우 업무처리가 원활하다. 그렇다. 79.4% 아니다. 20.6% 가장 심각한 직종은 정치인 67.2% 세무공무원 7.2% 경찰 6.8% 고위직 공직 6.8% 중하위 공직 5.4% 법조인 5.0% 교육공무원 1.0% 군인 0.5%

이래서야 되겠는가?

1996년 11월 중국 조선족 동포 사기에 울다. "돈 가족 잃고 절망 탄식" 현실 조선족들이 타국 바람 강인과 의지 단결로 삶의 터 연변 한인 동포끼리 오순도순 살던 그 땅이 이제는 눈물과 절망 땅이 되고 한국인 사기에 갈기갈기 찢겨 비탄과 한숨 소리 짓누르고 있다는 것이다.

길림성에서 시아버지 병원 간호하는 박 모 씨는 한국 사람인 이 모 씨가 도와달라 하여 따뜻한 동포애 마음으로 95년 1월 여행 중 갑자기 병에 걸렸다 해 박씨는 입원 치료비를 정씨 집안 친척과 친구에게 돈을 빌려 중국 돈 백만원 금액을 해주었다. 몇 달 뒤 이씨가 돌아와 한국에 취업시켜 큰돈을 벌게 해주겠다 하며 사람을 모아 달라 수속비가 필요하다며 해서 박씨는 10명에서 1인당 1,500달러 모아 이씨에게 주었다. 이후 돌아가 연락할 때마다 초청 서류 컴퓨터에도 있고 서류 보충 핑계를 대다 마침내 소식을 끊었다.

이에 충격받은 시아버지는 쓰러져 몇 달째 식물인간이 되어 누워 있고 피해자들은 자식들에게 괴롭힘 그리고 피해 가족들이 줄줄이 이혼하며 시어머니는 빚쟁이들에 몰매와 폭행당할까봐 걱정에 울먹이고 있다 한다. 길림성에 30만 도시민이 사는데 세 집에 1명꼴로 피해를 당했다 한다.

풀칠해야 민원 쉽다

2013년 2월부터 11개월 이상 7,200번 주식 사고 팔아 누적액 734억 이른다 한다. 비상 주식을 원칙적으로 살 수 없는데 위반직원 32명 달한다. 금융감독원의 무책임한 태도에 사회 현실 비리는 활개 치다 보다 채용비리 수차례 2016년 5급 신입 채용계획 수차례 바뀌며 인사담당자 이 국장이 필기시험에 불합격한 지원자를 붙여주기 위해 채용 인원을 고의로 늘렸다 했다.

합격권에 들어있는 자가 세 명 점수를 낮게 받아 3명이 탈락, 반면 합격 후보에도 없던 A씨와 학력 잘못 기재한 B씨가 추가 합격했다. 감사원은 어떤 동기가 있는지 납득이 어렵다 지적했다 한다. 한 지원자 합격된 문의에 대해 이 국장 담당자는 지인이 기억이 나지 않는다. 향후 수사가 불가피하다는 것이다. 그러하기 때문에 2015년 하반기 부산 저축금융 개인 투자자 푼푼이 모은 천금 같은 저축금 7조 원을 손실이라 한다.

6공 당시 법조계 부분 간추린 주제 사안들

2호 체제 유지 파수꾼 정치 풍향 민감 비판 시각도

3호 판검사 물주 자원 향응 공세 - 알아두면 도움 사업가들 술자리 골프접대

4호 사건 해결 지연 학연 판친다.

7호 능력 만드는 변호사 전관예우 - 힘든 사건 수입 첫해 30억 원 번 경우도

8호 변호인 수임료 턱 없이 비싸다.

9호 안 주면 될 일도 안 된다. - 복비 명목으로 1,2만

19호 6공 검찰 정치 중립 아직 멀다.

32호 정치재판 늦장 재판 많다. - 권력서 독립 한계 3~4년 끌기

33호 구형 선고형량 차이 크다. - 징역 25년이 6년으로 법원 따라 다르다.

먹세판세싱

●

어허라 데헤어라 어허라
데어~라 부여 부여
물이어라 재물이어라 먹세라

너 먹으니 나도 먹자
몰래 먹고 버젓이 먹고
꾸며 먹고 빼어 먹고
먹세판이다

돌아보자 돌아보아야 했다
국가부도 사태
실직, 국민 고통 몫이 되다

사법계는 부끄럽지 않은 歷史를 쓰십시오

●

검찰 직원 브로커 뺨친다. 소개 복비에 눈독 접수 거부 횡포 잦아. P씨는 지난달 교통사고를 내서 울 인근의 한 지원에 구속 기소됐다. 당장 변호사를 선임할 만한 돈이 없는 P씨 가족들은 법원에 직접 보석신청을 접수하러 갔다. 접수계에 직원이 선뜻 받아주지 않았다는 것이다. 왜 그러는가 알아보니 잘 아는 변호사가 있는데 판사와도 잘 통한다는 것이다. P씨 가족들이 생각해 보겠다 하며 접수신청을 부탁하자 담당 직원이 마지못해 접수가 됐지만 변호사 문제를 다시 생각해 보라 한다는 것이다.

변호사 선임을 요구하는 것이 변호사에게 소개해 주고 받게 되는 사례비 복비라 불리는 수임료 20~30%가 보통이라 한다. 반면 또 검찰직원이 복비를 많이 주는 변호사에게 거래선을 바꾸는 경우도 있다는 것이다. 원칙주의자 모 J변호사는 검찰직원으로부터 사건을 소개해 주고 복비를 건네주는 것이 마당치 않아 이들과 상대하지 않은 경우도 있다는 경우도 있다. 그러나 이런 관행을 따르지 않으면 사건 수임이 잘 되지 않는다. 사무장 설득에 따라 마지못해 사건 수임에 이들을 이용하기 시작했다 한다. 다만 복비만은 다른 변호사들보다 적은 수입료의 20% 정도를 주었다. 그랬더니 개업 6개월도 안 돼 이들로부터 사건

소개가 끊기고 말았다.

사건 소개해 준 검찰직원들이 복비를 많이 주는 변호사로 거래선을 바꿨기 때문이란 것이다. 이들의 횡포가 심해져 지난해 인천지검 변호사회가 자정을 벌인 적이 있다. 변호사회는 인천지검과 지원을 방문 자정운동에 대한 협조를 구하고 심사위원까지 구성 의욕적인 활동을 벌였다. 그러나 이 자정운동은 그리 오래가지 못했다. 이탈자가 생겼기 때문이다. 인천지검에서 근무하다 개업한 L변호사가 자정운동에 아랑곳하지 않고 검찰직원들로부터 사건을 소개받고 복비를 주는 사실이 알려지자 너도나도 이탈, 이 운동은 그만 흐지부지되고 말았다.

당시 사실을 소상히 아는 한 변호사는 개업한 변호사가 평소 알던 검찰이나 법원직원들이 소개해 주는 사건을 뿌리치기란 사실상 어려웠을 것이라고 말했다. 검찰과 법원 직원들은 기회 있을 때마다 그래도 다른 공무원에 비해 우리는 깨끗한 편이라고 주장한다는 것! 비록 일부지만 이 같은 단순사건 브로커 차원을 넘어 대담하고 교활하게 범행을 저지른 경우도 종종 있어 이런 주장을 무색케 한다. 한 예로 서울지검 직원 P씨 경우 사기사건 피해자에게 사건을 잘 처리해 주겠다며 접근 1천만 원을 받았다. 이 사건 관련자 중 1명이 대검에 P씨 수뢰 사실을 진정하면서 들통이 나 대검은 관련 서류를 서울지검에 보내 수사도록 했다. 진정서를 접수한 서울지검 사건과 직원은 평소 안면이 있는 P씨에게 이 같은 사실을 알려줬고 P씨는 기록을 넘겨받아 자기와 관련된 부분을 삭제해 버렸다. P씨는 조사 과정에 서류 변조 사실이 드러나 공용서류 손괴죄로 구속됐다.

또 지난 12월에는 서울지검 수사과 직원 2명이 보석 거래상들과 짜고 부산까지 원정 보석 밀수꾼을 협박해 1억 4천만 원 상당한 보석을 가로챘다가 적발되기도 했다는 것이다. 한 법원 관계자는 이들이 승진 한계 등으로 그들대로의 불만과 고민이 있을 수 있지만 자신들이 몸 담고 있는 조직의 위세를 내세워 민원인에게 군림하고 구조적인 비리를 저질러서는 안 된다. 이는 반드시 시정되어야 한다고 강조한다. 당시 우리 법조계 근황을 생각하여 다가 아니지만 이 같은 국가 기강이 민주국 체제 3권 분리주의 독립적 체계, 헌법상의 국민을 위한 법과 질서의 법 규정에서 가능한가?

절박감이 아니던가? 누구를 막론하고 법조계 원로는 판검사들이 골프 치고 룸살롱에 가는 것을 반드시 부정적으로 볼 것은 아니지만 판검사들의 경우 어느 분야보다 공사 생활에 높은 도덕성과 직업윤리가 요청되는 원칙에 신중해야 한다는 것이다.

검찰수사에 로비에 약하다

검사들은 수사에 어려움이 세 가지 대표적인 경우로 피의자들의 1도 2부 3빽을 꼽는다 한다. 도는 도망, 부는 부인, 빽은 배경 의미이다. 피의자들이 도망치거나 검거됐다 해도 부인할 경우 또 혐의 사실이 분명히 입증되었는데도 빽을 동원해 수사에 영향력을 행사하는 경우 수사상 어려움이 가장 많다는 것이다. 이중 도망과 부인은 피의자의 신병을 확보한 뒤 범법 사실을 입증하기 위해 제반 증거를 찾아내기 어렵다는 수사 기법상의 고충에 관한 문제, 반면에 빽의 경우에 애써 수사를 다 해 놓고도 검찰 안팎 로비 청탁으로 인해 당초 의도대로 사법 처리하기가 곤란해지는 상황을 지칭한다. 따라서 검사들이 다 된 밥에 재 뿌리는 격이 되는 빽을 가장 곤혹스러워한다는 것이다.

실예로 상법 및 증권 거래 위반 혐의로 서울지검 서부지청에 구속된 소형 가전제품 제조업체 주 H대표 이사 K씨 사건은 검찰수사에 로비가 작용했던 전형적인 케이스 서울지검 특수2부는 4월 23일 공인회계사와 짜고 적자기업을 흑자인 양 위장해 기업을 공개한 뒤 고위로 부도를 내 선의의 투자자들에게 크게 피해를 준 12개 상장회사의 경제범죄에 관한 일체 수사를 발표한 바 있다.

기업주와 공인회계사 등 모두 11명이 구속되고 12명이 불구속 입건된 이 사건은 사회 경제적으로 큰 파장을 불러일으켰다. 이런 류의 경제사건이 사법 심판을 받는 전례가 없었던 만큼 이에 대한 검찰의 수사가 역작이었다는 평가가 나왔다. 그러나 검찰 발표를 유심히 살펴본 결과 당초 증권감독원으로부터 가장 대조적인 비리 기업으로 지목됐던 주 H에 대한 수사 결과가 슬그머니 빠진 사실이 얼마 후에 밝혀졌다. 엉뚱하게도 주 H에 대한 수사 기록은 검찰이 일제 수사 결과를 발표하기 전인 지난 4월 초 이미 서울지검 서부지청으로 이송돼 있는 상태였다.

서울지검은 주 H에 대해 허위 감사를 실시한 공인회계사들을 상대로 투자자들이 낸 고소사건이 서부지청에 계류 중이어서 사건을 함께 처리되도록 한 것이라 해명했다. 그러나 검찰 해명은 검찰 관계자 스스로 설득력이 없음을 시인할 만큼 군색하기 짝이 없다. 취재 결과 이는 평소 대표이사 K씨와 교분이 있던 경제부처의 한 장관과 청와대 비서관 모 언론 인사의 최고 간부 등이 검찰 고위층에 이 회사를 잘 봐주도록 청탁을 했기 때문인 것으로 밝혀졌다.

　　또 서울지검에서는 그동안 K씨를 세 차례나 소환 조사해 구속할 방침이었으나 이 같은 외압성 로비로 인해 어쩔 수 없이 신병처리를 유보하고 사건을 조용히 처리하기 위해 서울지청으로 보냈던 것으로 드러나 이 같은 의혹이 언론에 보도되자 서울지청은 서둘러 수사를 재개 결국 K씨를 구속하기에 이르렀다. 수사 결과 K씨는 지난 89년과 90년 회사의 재고 재산을 실제보다 부채 289억이나 부풀리고 부채 131억 원을 미계산하는 등 모두 420억 원을 분식 결산한 것으로 밝혀졌다. K씨는 이처럼 회사의 경영 실적을 조작한 상태에서 회사채 발행과 유상 증자 등 통해 모두 148억 원을 끌어들여 많은 투자자들에게 막대한 피해를 줬던 것이다. 검찰의 고위 간부들은 이 사건이 마무리된 뒤 솔직히 주 H를 봐주려다가 들통이 나는 바람에 곤욕을 치렀으나 검찰의 발전을 위해서는 앞으로 수사에 영향을 끼치는 로비에 검찰이 흔들려서는 안 된다는 교훈을 얻었다고 실토하기도 했다.

　　지난 4월 서울지검 남부지청이 세무공무원의 비리에 관해 수사에 착수했을 때 세무서장들이 검찰에 수사 범위 축소를 공공연히 요청했던 사건은 이 같은 로비의 또 다른 측면을 보여준다. 당시 남부지청은 종합소득세 실사를 둘러싼 세무공무원들의 뇌물수수 사건에 대해 수사를 벌이며 내사 결과 3백만 원 이상을 받은 세무서 직원 10여 명을 사법 처리한다는 방침을 세우고 있다. 그러나 수사 착수 후 세무서 직원들이 아예 사무실에 나타나지 않은 집단 잠적 사퇴란 기현상이 발생했다. 이렇게 되자 (관)모 세무서장과 영(모)포 세무서장은 남부지원청을 방문, 검찰수사로 인해 세무 업무가 마비되고 있다며 수사 범위를 줄여줄 것을 요청했다.

결국 남부지청은 500만 원 이상의 뇌물을 받은 세무서 직원 2명만을 구속하는 선에서 수사를 종결했다. 세간에서는 이를 두고 검찰이 국세청의 파워에 밀렸다는 말이 나돌았다 한다. 최고 수사기관으로 수사 엄정 중립을 지향하는 검찰이 외부의 로비를 받아 흑을 백으로 바꾸는 식의 엉터리 수사를 벌인다고 볼 수 없다. 그렇지만 실제로 그 같은 로비에 따라 구속이 불구속으로 기소가 기소유예로 바뀌기도 하며 심지어 벌금을 깎아주는 일까지 예사로 벌어지고 있는 게 사실이다. 그러나 예외적인 경우라 하더라도 일부 힘 있는 사람이나 집단의 로비가 검찰에 작용해 수사 결과가 달라지게 된다면 보통 일이 아닐 수 없다.

상명하복 검사 동일체 강조되는 검찰의 현실 비추어 검찰 상부로 로비에 따른 부당한 지시가 내려올 경우 일선 수사 검사가 소신을 견지하기는 무척 어려운 일일 수밖에 없다. 이유야 어떻든 국가형벌권을 엄정히 집행해야 할 검찰이 수사 과정에서 법리가 아닌 로비나 청탁에 의해 처리함이라면 검찰을 불신케 하는 큰 문제가 아닐 수 없겠다. 우리는 이 시대(2017년 9월) 현실에서 단지 당대를 조명하여 겸허하게 미래를 바라보는 거울이 되도록 해야 한다는 진실한 충정의 마음뿐이다.

최근 들어 공안검사들의 정치 정보의 수집과 분석에 열을 올리고 있는 현상은 검찰 스스로 정치권에의 예속을 자초하고 있다는 비판이 없지 않다. 과거에 공안통으로 불리며 정권 유지에 병역할 한 일부 선배 검사들과 다른 시각으로 봐달라고 주문하기도 한다. 공안검사는 젊은 공안검사들의 의식 변화에 따라 정치검사로서 오명을 씻고 사회질서와 체제 유지에 본연 임무에 충실하게 될 것을 기대한다.

6공 노태우 대통령의 영면이 2021년 10월 26일 오랜 투병 생활로 89세 일기로 세상을 떠났으며 대구 달서구 안명극 기념관 국가장 분양소 두웠고 "과오를 용서해 달라" 유언을 남겼다.

서울대병원 조문객을 받았으며 영결식이 서울 송파동 올림픽공원에 북향하여 가졌으며 국가 보존 2호가 되며 장지는 경기도 파주 주민의 반대 부딪히었으며 북녘을 바라보는 2.5평 규모 동화경모 공원에 안장되다. 일면 노태우 대통령 부인 김옥순 여사의 서울대병원 조문객을 맞이했으며 장지는 문재인 모친 강한옥 여사의 양산 부산 하늘공원에 영면했다.

김영삼 의원 빙초산 테러사건

김영삼 의원 25세 최연소 의원이었으며 54년도 3선 의원에 총 9선 의원이다. 69년 10월 20일 오후 10시경 귀갓길 자택에서 좀 떨어진 거리인 골목길 3명 청년이 빙초산 병을 던져 차량 뒤쪽 페인트가 녹아내리는 테러를 당했으며 이것은 3선 개헌 반대 추진을 하는 시대 상황에서 범인은 유야무야 흐지부지되며 정치 정적 테러라 추정하는 견해이다.

3당 통합 신당 선언 공동발표문

국민 여러분, 국민의 선택에 따라 출범한 국정을 책임지고 있는 민주정의당 총재 노태우와 민주주의를 위해 몸 받쳐온 통일민주당 김영삼, 그리고 국태민안의 신념을 꿋꿋이 실천해온 신민주공화당 총재 김종필, 우리 세 사람은 민주 번영 통일을 이룰 새로운 역사의 장을 열기 위해 오늘 국민 여러분 앞에 섰습니다.

첫째, 민주정의당과 통일민주당 그리고 신민주공화당은 민주 발전과 국민 대화합 민족통합이라는 시대 과제 앞에 오로지 역사와 국민에 봉사한다는 일념으로 아무 조건 없이 정당법의 규정에 따라 새로운 정당으로 합당합니다. 전당대회까지는 3당 총재가 공동대표가 된다.

둘째, 새 정당은 모든 온건 중도 민주세력이 다 같이 참여하는 국민정당으로서 자주 자존의 바탕 위에서 조국의 평화적 통일을 주도하고 자유민주주의와 자유시장경제의 이념을 기저로 하여 실질적 복지와 정의를 실현하며 민족 문화 창달하는 것을 기본으로 삼는다. 이와 함께 우리나라의 발전을 이룩하는 데 가장 적합한 정치체계와 정치문화를 창출한다.

셋째, 합당의 절차와 방법은 국민적 여망을 바탕으로 당원의 총의를 최대한 존중하여 추진한다. 합당 등록 절차는 금년 2월 말 이내로 완료하고 새로운 전당대회는 금년 5월 말까지 개최하는 것으로 하되 늦어도 정당법에 의한 합당 등록일로부터 6개월 이내에 개최한다.

넷째, 구체적인 합당 절차와 이에 따른 제반 사항을 효율적으로 추진하기 위하여 3당 각 5인으로 통합 추진위원회를 구성 합당을 위한 모든 실무적인 사무를 담당한다.

다섯째, 민주 역량의 총단합을 위하여 우리의 뜻을 같이하는 모든 정당과 단체, 국민에게 문호를 활짝 열고 동참을 호소한다. 그러나 새로운 정당 참여하지 않은 어떠한 정당 정파나 단체와도 의회민주주의를 신봉하는 한 대화와 타협으로 정치 발전을 위해 긴밀히 협조한다.

국민 여러분, 우리 역사상 처음으로 이제 여야 정당이 합당하여 새로운 국민정당이 탄생됩니다. 우리 정치사에 새로운 기원이 열리는 것입니다. 새국민 정당의 출범은 정치의 안정 정치의 선진화를 이룩하여 위대한 역사를 창조하는 새로운 출발이 될 것입니다. 우리는 더 큰 국민의 지지 위에서 민주 번영 통일의 영광된 시대를 창조해 갈 것입니다. 우리 국민 모두 새로운 세계 희망의 미래를 함께 나아갑시다. 국민 여러분의 성원과 동참을 호소합니다. 감사합니다.

김영삼 의원 정치기질

한편 의원은 79년 신민당 당대표 출마 선언에서 온건 노선 이철승 대표에게 비주류계 인사로서 유신정권에서 야권이 무엇인가? 강경 투쟁할 것을 발언한 인사이며 "연은 바람을 타지 않고 바람에 맞설 때 더 높이 오른다." 72년 유신 출범 유신정권에 강경 투쟁을 표현한 정치 투사이다. 86년도 대통령 직선제 1천만 명 서명운동에 나섰으며 79년 5월 총재 선출에 출마 선언을 내세우려는 발언이다.

가택연금 중이던 김대중은 을지로 신민당 단합대회 음식점에 이철승 씨는 사쿠라(일제 벚꽃)라는 말을 하여 힘을 실어준 발언이 되어 2차 투표에 당대표가 되어 진정한 야당 거듭나자 선명 야당 변화에 맞서는 정치 기사로 86년도 공화당 유정회 의원은 관심사로 김영삼을 어떻게 다루냐?

YH 여성 노동자 사건

YH 무역 (여) 노동자 봉재 근로 생계 유지하는 회사는 폐업에 나서자 200여 명 근로자는 하소연할 곳 없어 마포 김영삼 신민당사 1979년 8월 9일 생존권 보장 철야농성 들어가자 박 정권 과격한 진압에 1명 추락사 172명 체포 이 계기로 김영삼 의원이 상도동 자택에 끌려가 제명되며 노동권 민주화 인권 보호 상징적 노동운동의 계기 및 민주주의 이

넘 동기가 되었다. 김 의원은 민주투쟁에 나선다. 공화, 유정회 의원에게 밉보일 분위기 빌미가 돼 옥죄임이 되기도 하였다.

그러므로 신민당 지역당 위원회 회유해 직무정지 가처분되어 정운갑 대행체제 있어 의원들이 따르지 않은 사태가 발생하기도 했다. 파도타기Surfing는 물을 타기가 아니라 파도에 맞서는 서어버이다. 그분의 투지 근성이 민주화로 투사 기질을 보인다.

97년 9월 16일 김영삼 의원은 (뉴스 타임 기자 인터뷰에 이란 민중 혁명 일어나 팔레비 왕정 독재를 무너뜨린 사태 박정권에 지지 철회해야 한다) 발언이 사대주의 발언이 계기로 의원직을 10월 4일 박탈하자 (닭의 목을 비틀어도 새벽은 온다) 신민당 66명 민주통일당 의원 사퇴서를 제출 유신정권에 맞서 민심이 자극되어 10월 16~18일 부산대 시작으로 마산 창원 시위가 부마사태이다. 80년 국군 보안사령관에 끌려가 고문을 당해도 배신하지 않은 것이 당시 특이했다. 김 의원은 광주 4주년을 맞아 민주화 요구 23일 단식 투쟁한 분이다.

제14대 김영삼 대통령

●

김영삼 민주자유당
김대중 민주당
정주영 국민당

김영삼 대통령은 경상남도 통영군에서 출생하였으며 92년 12월 18일 당선되어 93년 2월 25일 제14대 대통령으로 취임 한국의 군정 정리하는 동시 문민정부로써 민주주의 토대 조성을 위하여 정치 기질을 발휘하며 민주주의 강한 신념주의로 분투하신 분이시다.

취임사 전문 요약

14대 대통령 취임에 즈음하여 조국 건설에 시대적 소명을 온몸으로 느낍니다. 자유롭고 성숙한 민주주의입니다. 인간의 품위를 존중하는 나라입니다. 새로운 문명의 중심에 평화 인류 진보에 기억하는 나라 누구나 신바람 나서 사는 것입니다. 우리만에 번지고 있는 정신적 패배주의입니다. 폐쇄와 경직에서 개발과 활력 갈등과 대립에서 대화와 협력 불신의 사회에서 신뢰의 사회 더불어 사는 사회로 나아가야 합니다. 우리의 의식 양식과 행동 양식까지도 바꿔야 합니다. 변화와 개혁을 외면하면 역사로부터 외면됩니다.

첫째, 부정부패 척결 성역이 없습니다. 단호하게 끊을 것은 끊어야 합니다.

둘째, 경제를 살리는 일입니다.

셋째, 국가 기강을 바로잡는 일입니다.

국민 모두가 스스로 깨끗해지는 노력 없이 부정부패는 근절되지 않습니다. 여러분의 손에 있습니다. 정부는 규제와 보호 대신 자율과 경쟁을 보장할 것입니다. 민간의 창의를 존중하며 정부가 먼저 허리띠를 졸라매어 국민은 절약해야 하며 근로자는 열심히 더 땀 흘리며 기업은 기술혁신 국제경쟁에서 이겨야 합니다.

부정한 수단으로 권력을 챙길 때 국가와 정통성이 유린되고 법 질서가 무너집니다. 목적을 위해 절차가 무시되는 편법주의가 판을 치게 됩니다. 꽃을 꺾은 자유가 아니라 꽃을 심는 자유입니다. 정치를 위한 정치가 아니라 국민에게 희망을 주는 정치입니다. 교육은 미래를 준비하는 과학기술 교육과 함께 사람다운 사람 민주주의를 양성해야 합니다. 청와대는 국민 생명과 재산을 보호하고 국민과 함께 기뻐하고 아파할 것입니다. 기쁨은 나눌수록 커지고 고통은 나눌수록 작아지기 때문입니다. 국민에게 희망과 행복을 안겨주는 생활 정치여야 합니다.

우리는 계층으로 찢겨지고 지역으로 대립되고 세대로 갈리고 이념으로 분열되었습니다. 많이 가진 사람이 더 양보합니다. 성급하게 대목을 요구하지 맙시다. 공동체 전체를 생각합시다. 더 많은 몫을 갖기 위

해 더 큰 떡을 만듭시다. 우리에게 필요한 것은 감상주의 통일 지상주의가 아닙니다. (이상)

광주항쟁 4주년을 맞아 민주화 요구로 23일 단식 투쟁한 분이다. 1995년 8월 15일 총독부의 철거는 일제 통치 잔재 한국 탄압 괴롭혔던 잔악성 상징 역사 악의 흉상 건물로서 국민 찬성 51% 반대 31% 먼저 11.4톤 철탑을 먼저 철거를 위하여 대형크레인은 와이어 줄을 내리고 우뚝 솟아 있었다.

온 국민이 방송을 통하여 대기하여 기다리고 있을 때 민족의 한을 철거하려는 순간 오후 6시 30분경 드디어 철탑이 들어 올릴 때 환성과 함께 박수갈채가 터져나오는 감개무량한 민족의 한을 제거하는 바이다. 한편 비애 교차감 그들의 참상 시련과 주권 없는 민족 아픔 거기에 민족정기 상기하지 않을 수 없다. 상단부 철탑 독립기관에 일제 상징물인 역사 교육 현장물로 안치하기로 하였다.

그러나 해체 과정에서 지하에 일제 잔악성이 또 드러났다. 우리 정기를 끊기로 하여 주요 산 정상 쇠말뚝을 박았다. 그러하듯 쇠파이프 길이 1m 가로 3cm 되는 쇠파이프를 부지기수(不知其數) 박은 사실이 발표되었다. 용서 못할 잔악상이다. 이쯤이면 일본 놈들을 알만하다.

김영삼 대통령이 재임 기간 금융 실명제 실시에 숨겨두거나 은닉하려는 외국 반출 금융체계 문란행위를 금지시키기 위한 경제질서 확립

에 바로 세우기를 공헌했다. 그리고 낙후된 교육환경 개선 시설투자에
서나 교직자 호봉 개선 배려한 교육투자 배려한 정치인이다.

노동개혁 법안 처리

1995년 지방선거에서 참패를 맞이한 민주자유당은 5공 흔적이 강
했다. 총선을 앞두고 김영삼 신한국당 당명을 개정 민정계를 쫓아냈고
또한 총선에서 여소야대 불리한 결과 나와 야당 의원들을 영입해서 여
대야소 만들었다. 96년 12월 25일 새벽 신한국당 의원 157명이 국회
에 잠입 부의장 오세응 개회 선언 일사천리로 안기부법 노동법 11개
법안을 처리했다. 노동개혁법 노사관계위원회 출범 노개위원를 만들
어 정부에 제출하고 정부는 노개위원과 공익위원을 종합하여 노동계
보다 기업 측 요구사항을 반영한 노동법이 통과된 데에 노동법 개정투
쟁 본부 대표회의 전국 민주노동조합총연맹과 한국 노동조합총연맹이
총파업을 선언했다.

내용에서 복수노조 허용 정리해고제 일부 수정 해고제에 자의적 남
발을 막기 위해 방지 위한 정리 사유 경영악화 구조조정 긴박한 경영상
필요 있을 때 한정했다. 대량해고 일정 이상 인원을 해고 노동위원회 승
인을 받게 했다. 파업 중 새로운 하도급 생산을 되어 있게 장기간 파업
중 임금 지급을 않게 할 수 있다. 개악법이라 원천 무효 파란을 겪었으
며 이후 개정되었다. 안기부법 찬양 고무죄와 불고지죄 안기부 수사 가
능케 되었다. 신항만 건설 촉진법 고속전철 촉진법 포함되었다.

김영삼 대통령의 임기 말엽 경제 어려운 상황이며 차남 현철 씨의 한보 불법선거 정치자금 수수로 구속되었다. 2015년 11월 22일 서울대병원 혈액 감염 의심증세 치료 중 향년 86세로 서거하여 국회의사당에서 영결식을 거행했으며, 서울 국립현충원에 군사 통제 자유 평등 인권 억압하는 불평등한 불순비리 비민주화 정권을 치유하는 데 역사적 민주화 위업을 이룩한 분이며, 1998년 2월 24일 퇴임하셨다.

손명순 여사는 김 대통령과 이화여대 약학과 3학년 재학 중 김영삼 대통령과 결혼하여 정치적 동반으로 특유의 헌신적 내조에 보필하여 온 내조 영부인으로 2024년 3월 7일 향년 95세 서울대병원 폐렴 확진으로 김영삼 대통령과 함께 영면되었다.

김대중 대통령 인생 역정

1963년 8월 8일 일본 동경(그랜드 파레스) 호텔에서 납치되어진 사건. 1977년 긴급조치 위반으로 진주형무소에 서울대병원으로 이송 1980년 광주 학살사건에 의한 5월 22일 내란음모 유포죄를 적용하여 80~82년 중간 수사 결과를 발표한다.

남산 중앙정보부 80년 5월 18일 비상계엄 확대

남한산성 교도소 이감. 이 시기 1심 보통군법회의 사형선고, 전두환 9월 취임. 고등군법 항소 11월 3심 대법원 81년 1월 사형 확정. 전씨 미국 방문, 청주교도소 이감, {81년 3월 3일 12대} 취임. 무기에서 20년 감형. 형 집행정지로 석방 미국으로 출국한다.

광주사건 5일만 5월 22일 합수부는 김대중 일당 내란음모 사건 중간 발표에서 김대중은 정상적 정당 활동 합법적 계기를 통해서 정권 획득 여의치 못할 것으로 정부에 대항 국민 불신풍조 심화시켜 국민 선동 통해 변측혁명을 일으켰다. 김대중 민중봉기 정부를 전복 구체적 실천을 위해 학원사태를 배후에 조정했다 등 김대중은 지역 호남에 주목받는 인사로 그분을 괴롭히는 이념적 색깔이 정권 정적 출발 단면으로 봐야 할 것이겠다.

보안사령부 처장(대령) 이학봉 남산 중앙정보부에서 회유한다. 협조하시지요? 우리와 같이하면 대통령만 빼고 어떤 자리라도 드리겠습니다. 우리를 거부하면 살려둘 수 없습니다. 협조하면 살고 거부하면 죽습니다. 잘 생각하십시오. 2004년 10월 29일 서울고등법원에서 열린 재심선고 공판에서 내란음모 사건에 대해 23년 만에 무죄를 선고받았다.

제15대 김대중 대통령

●

한나라당 이회창 후보
국민신당 이인재 후보
새정치국민회의 김대중 후보

1997년 12월 19일 한나라당 이회창 국민신당 이인제 후보와 충청 기반 김종필 자민련 당수 연합하여 대선에 유리한 기반을 다지었다. 김 대통령의 당선 요약문 남북 간의 교역협력 IMF 충실히 지킬 것. 차별 일소하고 모든 국가기구 구성원의 권익을 공정하게 보장하여 다시는 이 땅에서 차별에 의한 지역대립 갈등 시대를 마무리하여 국민 화해 통합을 위한 밑거름이 될 것이라고 다짐했다. 권력의 사슬과 비호로부터 완전히 해방시킬 것이니 시장경제 적응하는 경제의 약자를 배려할 것이다. 이같이 국민정부를 출발한다.

금융위기 원인 극복

금융위기 이미 예고된 상태로 보아야 할 것이다. 이전부터 경제 취약성 흐름에 금융관리 위기 허점 부실투성이 투명성 부실에 대기업 간 협력관계가 아닌 기업 간의 수출 경쟁이 주류이며 빚에 빚내어 경쟁적 산업현장이 들떠 실속 없이 부풀려지어 과시성 부풀리기 확장 증축 무리 없이 기업 간 경쟁상황이었다. 게다가 사회 일반적 인식에서 늘려주어 기분 좋게 두둑한 봉투에 대한 관심이 회사가 각광받는 실정이다 보니 부풀려질 수밖에 그리고 기업 수출 유망 기업에 관심이 빼놓을 수 없는 사회적 시국 情況이다.

한보 경우 길에서 건드리기만 해도 돈이 펑펑 의원 국감 보고서 무마용 1억대라 한다. 한보와 기아자동차 불법 은행대출 5조 10조 한편 종합금융사와 금융기업이 1997년 저리로 외환 금액을 대출받아 동남아 지역 국가에 인도네시아 홍콩 등에 3%대 시세차익 이익을 챙기려 게다가 장기 대출해 준 금액에 그들 동남아국이 연이어 금융위기 부도가 발생해 부도사태가 그대로 한국에 영향을 끼치게 되며 일본에서 30억 불 환불 금액을 미리 빼갔다.

김영삼 대통령이 1997년 원화를 고정평가 환율제를 적용해 수출과 국민 소득 높이려는 고정환율제는 상대적으로 원화 가치가 낮아 달러 지출이 더 빠져나가게 된다. 수출 활성화 효과에 힘입어 안정성 유지를 할 수 있는가? 정황에서 다르다. 금융시장 개입을 정부가 개입해서 안 된다는 일반적 인식사항이다.

이같이 시장 변동상황에 따라 평가 기준이 되는 것과 차이가 있다. 정황으로 1998년 1월에 3천여 기업들이 도산을 당하며 원화 가치가 절하되어 연이자 29.5%로 치솟아 환난 위기로 달러 품귀현상에 뛰어오르는 달러 변동 가격에 집에 가지고 있는 1달러라도 차후 변상 내놓아 주기를 권장하는 상황이다. IMF 구제금융에 위기를 1997년 12월 19일 김대중 대통령이 당선되자 다음날 나섰다.

상공부 임창렬 상공부 장관이 IMF 기금을 교섭하여 들어오게 하며 주요 정책과 신용카드 활용제도로 구매력을 높이는 방안을 착안하였고 국민 금 모으기 나서 국민의 역량을 모으는 국민운동에 우리는 적극적으로 나서며 일어났다. 한편 대통령의 중점 IDEA는 IT 반도체 산업 핵심기술 개발에 초점을 두어 전자산업 개발(두뇌산업) 핵심과제를 생각했으며 그러므로 한국을 세계 IT 강국으로 지목하는 국가가 되었다. 그래서 물품 대금을 신용카드로 구매력을 높이며 지급방법이 경제순환 질서 혼난의 유통을 원활하게 한 것이 오늘에 이른다.

금 모으기에 나서 유럽에 판매 금액이 20억 달러 이후에 점차 수출 회복되어 가며 3년이 지난 2001년 8월 23일 195억불 완전 상환하며 금융 환란 종료 끝 김 대통령의 선언이었다. 그러므로 우리 한국이 IT 세계 강국으로 평판이 정권 바뀌며 이후에 MB 정부 IT 후퇴 소리가 나오는 경우가 나타나기도 하였다.

2000년도 전 국민 건강보험제도 의료수가 어려움 속에 실현시킴으로써 병의원에 진료수가 혜택 안정과 국민의 건강 복지 혜택 상상을 초월하는 오늘의 국민건강 보험제도를 실현시키었다. 당시 현행 제도 의사 약사 분담 제도 아닌 지역 병의원보다 대학병원, 큰 병원에서 직접 약을 구입하는 형식이었다. 이를 의사 진료 처방하여 약은 처방전에 따라 약국 약사에게 구입하는 현행 제도를 바꾸려는데 의사의 의료수가 문제로 약국 약사대로 변화에 이의제기 2000년 6월 22일 연세대 노천가 병원 파업에 의약 분업 수가 조정 약사법 개정 엄격한 약품관리 난제의 고심 끝에 오늘의 국민건강보험제도 마련되며 당시 동네 병의원이 문 닫는 상황에서 건강보험제도로 소생과 안정을 찾게 된 동네 병의원 회생이 오늘의 현실인 바이다. 그 당시 주로 큰 병원 찾아가는 환자들이 일반적인 병 치료였다.

2000년 6월 15일 남북정상 김정일과 회담해 남북 평화협력 통일지향 이산가족 상봉 경의선 복원 화해 무드를 이끌어내어 6.15 공동선언을 발표하게 되었다.

남북 공동선언문

조국의 평화적 통일을 염원하는 온 겨레의 숭고한 뜻에 따라 대한민국 김대중 대통령과 조선민주주의 인민공화국 김정일 국방위원장은 2000년 6월 13일부터 6월 15일까지 평양에서 역사적 상봉을 하였으며 정상회담을 가졌다. 남북 정상들은 분단 역사상 처음 열린 이번 상봉과 회담이 서로 이해를 증진시키고 남북관계를 발전시키며 평화 통일을 실현하는 데 중대한 의미를 갖는다고 하고 다음과 같이 선언한다.

1. 남과 북은 나라의 통일 문제를 그 주인 우리 민족끼리 서로 힘을 합쳐 자주적으로 해결해 나가기로 하였다.
2. 남과 북은 나라의 통일을 위한 남측의 연합제와 북측의 낮은 단

계의 연방제안이 서로 공통성이 있다고 인정하고 앞으로 이 방향에서 통일을 지향시켜 나가기로 하였다.

3. 남과 북은 올해 8.15에 즈음하여 흩어진 가족 친척 방문 교환하며 미전향 장기수 문제를 해결하는 등 인적 문제 조속히 풀어 나가기로 하였다.

4. 남과 북은 경제협력을 통하여 민족 경제를 균형적으로 발전시키고 사회 문화 체육 보건 환경 제반 분야의 협력과 교류를 조속히 풀어 나가기로 하였다.

5. 남과 북은 이상과 같이 합의사항을 조속히 실천해 옮기기 위하여 빠른 시일 안에 당국 간의 대화를 개최하기로 하였다.

김 대통령의 남북공동선언 합의 귀향길에서

2000년 6월 14일 김 대통령 역사적 북한 김정일 만나 남북 정상회담을 가졌다. 6.25전쟁 발발 50주년을 맞아 우리의 감회는 전쟁 이후 냉전이 지속되어 오며 항시 긴장 대결 분위기 속에서 이제 교류와 협력 다짐한다는 의미뿐만 아니라 남과 북이 공동선언문에서 보이듯 쌍방이 평화 화해 채택하였기 때문에 단절에서 새로운 희망을 생각하게 하는 계기에 의미가 있다.

동족상잔 참상에 시련과 아픔 시간이 가고 뛰어 넘어서야 하는 원한에 매몰로 빠져들어 운명적 시기에 머물러야 하나? 지금에서라도 우리는 민주주의 긍지의 수월성을 보여주며 평화 안정 공존의 동질성 회복 남과 북이 화해 평화를 추구할 막히고 단절되었던 터전을 새로운 기대를 마련해야 하는 변화 희망을 생각하게 한다. 우리 모두의 이 시점에 같은 마음일 바이다.

김 대통령이 귀향길에 서울 시민이 "수고하셨습니다", "감사합니다"라 하는 아파트 옥상 가로수 환영의 플랭카드 오색 은백색 종이 휘날리어 환영 장면이 우리의 마음을 감동 설레게 하는 국민 바람이게 했다. 그런데 한나라당에서 어떠한 논평이 없다는데 '이는' 아니다. 정치를 여야를 떠나 사람 사는 마음에서 국민의 마음에 부합되지 않았다는 생각이다. 여기서 속내를 신뢰를 생각하게 한다.

2000년 밀리언Million 1월 백두에서 한라산 사이 KBS 주관 정상에서 남북 근황 노래와 평양에서 한국 대표단 통일의 노래 실황 방송을 상기하여 보아도 부족함이 없었다. 2000년 8월 15일 남북 이산가족이 정상 협상에 의하여 첫 상봉을 맞이한다. 강과 산 남북이 같이 함께 울었다.

이산상봉
아이구! 할 말을 잃는다
통한 가슴 주름진 얼굴?
눈물 바다
우리 강산 모두가 울었다

억장이 무너져 내리는 가슴

하염없이 내리는 눈물
세월이 허무하다

껴안아 보아 보고 만져보아도
틀림없는 혈육이다
시간이 없다

꿈같이 지나는 날
왜 우리는 아파야 하나?
생전에 다시 만날 날 언제려나!

눈물 젖은 손수건 흔드는데
버스는 떠난다!?

2000년 10월 1일 오스트레일리아 하계올림픽 공동 입장에 관중 기립 박수 세계가 환영했었으며 한 핏줄을 상기시켰다. 2002년 9월 29일 부산 아시아대회에 공동 입장 북한 여자 응원단 울산 배에서 선박에서 숙박하며 그들이 한국 실상에 남한에 자유 평화로운 생활 활동에 벅찬 가슴 그리운 환경 떠나는 날 부두에서 밴드 공연하면서 그들은 눈물이 비 오듯 흘러내려 눈물 달구어진 얼굴 울면서 공연이 한국 발전상 그들의 아픔을 가슴에 안아 환송의 상징 연주였다.

정치 거목할 김대중은 평생 민주화 투쟁 인권 평화 신장 민족 통일에 헌신한 분이며 2000년 평화노벨상 수상한 바 정계 한편에 비난 발언이 돈 주어 산 것이라는 보도 발언이 있었다. 우리의 정당정치 의식 수준이 국민에게 보여주는 품성이 더 이상이 저열 저속되지 않는 코리아 모습 2000년 6월 14일 남북 정상회담 귀향길에 논평 없이 그 처사 국민을 무시하여 보여주는 정치생태 갈등적 모습 어디까지 갈 것이냐? 2009년 5월 23일 노 대통령 서거 내 몸이 전반이 무너져 내리는 듯한 느낌이라며 빈소에 오열했다. 2003년 2월 24일 퇴임했으며 그해에 2009년 8월 18일 서거하셨다.

제주 4.3사건 재평가 의미

제주 4.3사건 당시 사망하거나 부상한 제주지역 주민 1,715명을 정부가 20일 희생자로 공식 결정함으로써 사건 관련자들은 반세기 만에 명예 회복을 이뤘다. 제주 4.3사건은 1949년 사건 발생 이후 1980년대 중반까지 공식적인 논의조차 금기시될 정도로 그동안 우리 사회에서 이 사건을 보는 시각이 첨예하게 대립되어 왔다. 이 때문에 이 사건의 성격 규정이나 인명피해 집계 등에 대해서도 지금까지 합의된 의견이 없었다. 그러나 정부가 20일 결정을 내림으로써 이 사건을 좌우익 이데올로기 대립에 의한 폭동으로 보았던 기존의 시각을 탈피하는 전기를 마련했다. 반세기 이상 한을 안고 살아온 제주 도민과 유족들이 명예를 회복할 수 있는 물꼬를 텄다.

정부가 결정을 내릴 때까지 우여곡절이 많았다. 제주 4.3사건은 1980년대 후반 한국 사회가 민주화의 길로 접어들면서 사회단체와 학계를 중심으로 관련 서적과 증언 연구 결과에 따라 발표되면서 재조명이 시작됐다. 그전까지 정부는 4.3사건을 북한의 사주에 의한 폭동으로 못 박아 이와 다른 논의를 허용하지 않았다. 자연히 일반적인 시각 좌우익 이데올로기 대립에 의한 사건이라는 데에 머물렀다. 이에 대해 재야 사회단체와 학계 일각에서는 이승만 정부와 미 군정의 강경 진압에 초점을 맞추며 민중항쟁 민주화 운동으로 이 사건을 규정하기 시작했다.

이런 상태에서 1993년 제주도 의회에 4.3 특별위원회가 설치되고 2000년 1월 여야 의원 공동 발의로 제주 4.3사건 진상규명 및 희생자 명예회복위원회가 출범해 본격적인 진상조사와 희생자 선정 작업이 이뤄졌다. 4.3사건 희생자 신고자 2000년 6월부터 1년간 진행돼 사망 1,715명 행방불명 3,171명 후유장애 142명 등 13,856명에 대한 사실조사가 이뤄졌다.

정부는 이번 조사와 심의에서 남로당 제주도당 핵심간부이거나 군경 진압에 직접 대항한 무장대 수괴급 등을 제외했다. 그러나 정부는 이번 희생자 결정에서 사건에 연루되거나 6.25전쟁 당시 예비 검속 등으로 옥고를 치른 수형인에 대한 희생자 결정을 유보해 4.3 유족회 등 관련 단체의 반발을 사는 등 논란의 불씨를 남겼다.

이들 희생자는 광주 민주화 운동과 달리 개별적인 보상이 없거나 제주시 봉개동에 조성 예정인 4.3 평화공원에 안치될 수 있다. 제주 4.3

사건 특별법은 제주 4.3사건을 1947년 3월 1일을 기점으로 1948년 4월 3일 발생한 소요사태 및 1954년 9월 21일까지 제주도에서 발생한 무력 충돌과 진압 과정에서 주민들이 희생한 사건으로 정의한다. 당시 무장대의 단독정부 수립 군경 토벌대의 강경 진압 등이 복합적으로 얽히면서 군경 토벌대의 무장대의 충돌 과정에서 집단 주민학살이 곳곳에서 자행되는 비극이 발생했다.

김대중 대통령의 정치 일정을 살펴보아 71년 박정희 후보에 낙선 87년 평화민주당 창당 김영삼 통일민주당 절효 민주주의 기회 의견을 합의치 못해 분리 양 김 노태우 민주정의당에 낙선 패배 92년 제14대 민자당 김영삼 대통령에게 낙선 95년 국민회의 창당 다음해 자민련 총재 김종필과 야권 공조로 결합하여 97년 이회창 후보를 누르고 당선된다.

김 대통령의 남북 정상회담에서 어렵게 연 문을 닫게 하여 이전보다 더한 냉전기 시기로 적대국 대상으로 이산가족 상봉 개성공단 기업 활동 없이 친러시아 접근 정책으로 선회되어 교류 발길을 단절시키는 사태가 되었다. 그분의 싹이 되는 반려 이희호 여사 미 램버스 대학교 사회학 학위 스칼라 대학교 대학원 석사 학위 세간에 김대중 결혼에 눈에 차지 않는다 했다. 사회운동가 여성운동가 대통령 재임 중 여성 인권 신장 민주화 운동 여성가족부 설립에 결정적 역할을 한다. 한데 장남 홍걸 씨 차남 홍업 씨 금품수수 혐의로 구속되는 상황이 있었다. 국민의 정부 반려 영부인으로 2019년 6월 10일 노약 병세로 향년 96세

돌아가시어 고 김대중 대통령과 영민에 들어가시다. 우리는 근시안적
한 가지만 보는 눈보다 다량의 관점을 생각하는 창의 연구 좋은 품성
끈질긴 노력하는 의지 어떤가?

전신주

●

식탁 창문 넘어 내다보이는
양팔 벌려
모두를 맞이하려
우뚝 솟은 긴 몸체

어제오늘도 언제나
비바람 더위 모진 눈보라 속
묵묵히 서서

모두에 공헌(貢獻)과 헌신하며
자랑도 뽐냄도 없다

순수하고 말 없는 순진(純眞)과
엄숙한 원칙주의자(原則主義者)!
장하며 위대(偉大)하다

임진각 망향대

●

산 넘어 구름 새도 넘나드는데
바람도 오가는데
왕래 소식도 끊겼다
육로길 항공로 바닷길이 절벽이다

얼굴도 모른 채 70년 세월
모두가 절벽이어
이곳을 찾아 얼마나 많은 이가
울며 눈물을 삼키어 돌아섰을까?

단장의 아픔

구슬땀

●

땀으로 젖어 든
흙투성이 나이 드신 아주머니
땀방울이 떨어진다

그같이 일하세요
그것이 무슨 대수
일하다 보면 나는 거지

심고 매어주어 가꿔주는
손길이 먹고 사는 것이니
아하하 한바탕 웃어 대신다

무엇인가
웃음 속에 무엇이 들어 있으신가?

아는가
무엇을 알어
인생을!

제16대 노무현 대통령

●

한나라당 이회창 후보
열린우리당 노무현 후보

11월 22일 열린우리당 노무현과 국민통합당 정몽준의 단일화 합의에 따라 TV 토론을 거쳐 노무현 후보와 한나라당 이회창 후보 두 사람이 경쟁력 후보가 되었다. 그런데 선거 하루 전 12월 18일 정몽주 후보가 단일화 과정 철회를 선언하여 선거에 이변이 생겼다. 그러나 19일 오후 5시 이후 투표율이 높아지며 젊은이들이 투표에 참여하며 반란이라 할 수 있다. 출구조사에서 약간 앞서는 것으로 나타난 노무현 후보는 참여정부를 출발하였다.

노무현 대통령은 출생지 김해시이며 부산상고를 졸업하여 사법고시 17회 합격해 제7기 사법연수원 출신으로 대전지방법원 판사 민주사회 인권변호사 민주변호사 모임 13대 15대 국회의원 그중 2003년 새천년민주당을 탈당하여 민주계 열린우리당을 창당하였다. 2003년 2월 25일 취임사 동북아 중심 한반도 평화 번영 개혁과 통합 경제개혁 교육 과학기술 혁신 부정부패 척결 지방분권 균형발전 지역주의 타파 권위주의 청산 국민통합 차별 없는 세상 등을 피력했다. 한편 경제발전

기대하는 국민 관심에서 관망이라 하여 보아 처음 국제적 추세를 제시해 6개월 보안법 폐지에 기울이는 경향이 사회적 지류였다.

2004년 3월 12일 탄핵 가결 국민이 총선에서 (열린우리당을 창당) 지지해 줄 수 있는 방안 있다면 대통령이 무얼 잘해서 열린우리당이 표를 얻을 수만 있다면 합법적으로 모든 것을 다 하고 싶다 발언으로 민주당의 갈림인 새천년민주당 조순형 사과 발언에 않았고 한나라당과 선거 중립위반 문제 삼아 탄핵 처리로 193 반대 2로 가결 처리하여 청구 소추위원 국회법 사법위원회 김기춘 헌재 이송한다. 고권 국무총리 권한대행하여 헌재 5월 14일 재판관 윤영철 주심 재판관 주선회 탄핵 기각 결정을 내려 임무 복귀했다. 그런데 2004년 서울 수도 이전을 계획하려 하나 헌재의 제동에 즉 요약해 오백 년 수도 국민 기본권 침해 해석에 따라 행정도시 특별법(헌재 2005년 11월 결정) 계획으로 수정하여 오늘의 공주 연기군 세종시이다.

임기 중 국토 균형발전은 공주를 축으로 전국 비슷한 서울보다 모두 대등한 가까운 거리의 위치상 장점이 있으며 서울의 인구 집중에 따른 주택난 교통 문제 물류 교육 문화 상하수도 도시환경 삶의 질에서 인구 집중 체계로서 철저한 대비 대안 해결방안이 행정도시 특별법 의한 이전 계획이 국가 장래 새로운 관점이며(야권에서 한나라당 유령도시 공동화 발언) 지방 공공기관 분산 이전 균형 발전계획은 독특하고 탁월한 건설적 국토 국가 균형 발전에 전례 없는 앞을 내다보는 발상이라 할 수 있다.

그러나 지방 균형 도시 발전 토대를 장기적이고 체계 있는 원대한 계획을 심도 있게 검토가 국가 백년대계 시행 계획을 차질 없이 실현을 지속해 나가야 하는데 불구하고 이명박 대통령은 4대강 보에 박 대통령은 미루재단 승마에 문 대통령 남북관계 그러하다 보니 초기에 불과하겠다.

2017년 5월 당선된 문재인 대통령은 노 대통령 8주년 맞이한 기일에 참석 노 대통령 유지 국토 균형발전 발언이 없었다. 현실이 블랙홀 Black hole처럼 서울 집중화 수도권 비대 어떤 대책 계획이 2024년까지 없는 상태이라 하겠다. 그러나 그간에 서울은 서울로 유입되어 서울을 벗어나 경기 수도권 주변 확대가 동탄 일대 경기도 서울 근교 일대 서부 일대 팽창에 따라서 아파트 전월세 상승을 부추겨 서민 청년들의 탄식 좌절감에 빠지게 한다. 또한 교통난 출퇴근 옥 매듭진 교통지옥 겪지 않은가?

국토 균형발전의 통큰 대계획이 발전 위한 행형지방 이전 지속 시행 계획이 유명무실하지 않았는가 한다. 그리하여 오 서울시장이 2024년 지하철도 건설 발언 이후 발언에 불가한 것이다. 그런데 서울 시민의 소통이 원활한 시점 대비 교통체증에서 발생되는 소용 소비비(유류비 신간 낭비 손실비) 상세한 손비 통계자료 발표가 시민 생활 소요비 자료로 있을 만한데 없다는 것이 한국 국토 수도관리 문제에 총괄적으로 살펴보는지 의문이 간다. 시민이 알 권리라 하겠다. 이 같은 통계자료가 발표된다면 놀랄 만한 비용에 엄청난 헛된 소비 지출이 산출될 것이다.

이제라도 대선후보분들이 세종시 확대 발전 발언이 그나마 다행이며 더 이상 서울 수도권 인구 집중화 근시안 타산지석으로 보아선 그야말로 정신 차려야 할 비대 현실을 알아 인구 밀집 집중 교통 험난 지옥 복다꺼림이 열세한 지방과 편차 비대 비현실 서울 도시 계획 관리 대상을 검토해야 한다는 것이겠다.

지방 발전을 위해 일자리 먹고 사는 잠자리 생활공간 교육문제 문화환경 공간 등 서울 수도권 보다 특성 지역 발전 정책 투자 강화 대책을 확대 계획이 필요하겠다. 서울 부산 주택 교통 물가고 생활환경이 2024년 7월 27일 발표 세계 56위라 한다. 이 사실을 보아서도 생각해야 할 삶의 질 대책이 요구된다 하겠다.

한 예로 서대문에서 동쪽 방향 올림픽 주경기장까지 걸리는 소요시간이 얼마나 걸리는지 살펴보았는가요? 승용차 일반도로 달리는 시속 약 70km로 20분 소요라 하면 현행 걸리는 시간 60여 분 보아 40분이 공회전 소비비가 된다. 서울 시민 전체 매일 같이 길에 뿌리는 비용이 상상을 초월할 것이다. 행정적 책임자는 눈을 크게 높이 떠서 애착을 갖고서 보아야 하겠다. 현황 문제점 실태를 아무런 생각이 없다면 정치인의 문제이며 세종시 축으로 서울과 수도권 이상 비대 없도록 하여 국토 균형 도시 발전에 대한 어떤 여지(餘地)가 있어야 한다. 서울 비대를 너무 대책 없이 진행되어 오지 않았나 말하고 싶다.

지역구도 척결

지역구도 척결은 한국 정치사에 있어 선거용 망국적 악성 실태인 동시 비열한 정치 위상(位相)으로 국민을 갈라치며 국정에 아무런 도움 없는 무위한 행패에 불과하다. 이는 62년 박정희 군정 1차 경제 5개년 계획에 의하여 수도권 즉 한강을 중심으로 서울 경기, 충청권 금강을 중심 충청 남북, 영남권 낙동강 중심 경상남북 TK, PK, 호남권 영산강 중심 전라남북, 강원권 태백을 기준으로 권역별 구분해 한 것이 선거상의 지역 구분을 방송사 발표가 수도권 충청(영남권 TK, PK) 호남 강원권 5대 권역 발표가 일상화되어 일반적 관할 용어가 되어 왔다.

그러나 아이러니Ironic하게 국회의원 선출에서 그대로 권역별 출신인 영남 보수 호남 진보로 국회의원 구성요건이 지역적 중심 조직구조이다. 의정활동이 그대로 근간 축이 돼 당력 활동 중심체계로 그 색채 근원 변화 없이 여전히 당권 중심 운영활동의 자체가 지역 구도 형태이다.

이를 척결하려는 노 대통령의 재임 고심으로 외쳤으나 그 근간 뿌리는 변함 없이 국회 운영 당력 진영 간 오늘의 현실이 지속되는데 이 폐단 지역적 망상의 규격화 원활한 협상보다 상충(上衝) 현상 진영 의정활동 작품이라 하겠다. 당력 의안 고수하려는 협상 토의가 대결 갈등 시간 지연 이전투구로 발전하여 국회의원의 의정활동 모습이 국민에 민망이나 배신 아닌가? 국민 민복 국정 현안 우선주의 본질적 협상안이 진영 논리에 획책돼 케케묵은 대립 갈등이 오늘이 아니던가?

이것은 국민에게 잘 보이는 국정에 생색내기 업적 및 과시성 성과주의 보여주기로 당의 존재 우수성 특성성 근원이겠다. 그 자체가 무엇이 중대한가? 본질을 외면하여 가며 싸움질이다. 옳고 부족함이 내재하지 않은가? "뜻이 있는 곳에 길이 있고 길이 있는 데 바람이 있겠다." 진영 논리는 구태 발생한 산물에 비롯된다. 웃기는 짓이다. 말 건덕지가 되지 않는다. 바로 의정활동 씨름질 다툼이 되겠다. 국회 의정에 정치 발전 저해에 모순이다.

언론에서도 심각성이나 고심에 어떤 여지를 발표하는 발언을 들어본 적이 없다. 그러므로 불합리한 대치활동 모습이 국민 시각에 혁신 변화해야 할 시대 요구에 생각이겠다. 진영 낡은 정치 색채보다 국민이 먹고 평화롭고 안전하게 잘 살려 하는 정치 정책 방향이 당력 중심요건이 된 생색내기가 필요한가?

노무현 대통령이 임기 중 지긋지긋한 진영 간 의회 안건 토의 과정에서 지역적 지역주의 의회 갈등 없이 의회 순탄한 의안 생산 모습을 갈망하여 이를 청산하려 고심했으나 뿌리 깊은 해괴망측한 대결 갈등이 한국 의회주의 정치문화 변화를 재삼 바라는 국민 요구이다.

2007년 10월 2일 노무현 대통령이 남북 정상회담 위해 38선 분단의 선 앞에 서서 하나의 땅을 두 개로 가른 민족의 아픔 고통을 뛰어넘어 평화 번영 변화에 길로 가야 하겠다 천명했다. 남북 정상회담 김정일과 공동선언 발표 후 해상 남북 경계선 안정 위한 수기 표식 불빛 신호를 시행 연습한 바 있었으며 개성공단 기업 활성화가 되어가 생산 확대 발전하는 계기를 이루었다. 그러나 MB 정부에서 물거품이 되었다.

남북 10.4 공동선언

1. 남과 북은 6.15 공동선언문을 고수하고 적극 구현한다. 남과 북은 우리 민족끼리 정신에 따라 통일문제를 자주적으로 해결해 나가며 민족 존엄과 이익을 증진하고 모든 것을 이에 지향시켜 나가기로 했다. 남과 북은 6.15 공동선언을 변함없이 이행해 나가려는 의지를 반영하여 6.15 이념화하는 방안을 강구하기로 했다.

2. 남과 북은 사상과 제도 차이를 초월하여 남북관계를 상호 존중과 신뢰 관계로 확고히 전환시켜 나가기로 했다. 남과 북은 내부 문제에 간섭하지 않으며 남북관계 문제들을 화해와 협력 통일에 부합되게 해결해 나가기로 했다. 남과 북은 남북관계를 통일 지향적으로 발전시켜 나가기 위하여 발전 위한 문제들을 각기 법률적 제도적 정치들을 정비해 민족 번영에 나가기로 했다. 남과 북은 남북관계 확대와 발전을 위한 문제들을 민족 염원에 맞게 해결하기 위해 양측 의회 등 각 분야의 대화와 접촉을 적극 추진해 나가기로 했다.

3. 남과 북은 군사적 적대관계 종식시키고 한반도에서 긴장 완화와 평화를 보장하기 위해 긴밀이 협력하기로 했다. 남과 북은 서로 적대시하지 않고 군사적 긴장을 완화 분쟁 문제들을 대화 협상을

통하여 해결하기로 했다. 남과 북은 한반도에서 어떤 전쟁도 반대하며 불가침의 의무를 확고히 준수하기로 했다. 남과 북은 서해에서 우발적 충돌 방지를 위해 공동어로 수역을 지정하고 이 수역을 평화수역으로 만들기 위한 방안과 각종 협력에 대한 군사적 보장장치 문제 등 군사적 선회 구축 조치를 협의하기 위하여 남측 국방부장관과 북측 인민무력부장 간 회담을 11월 중에 평양에서 개최하기로 했다.

4. 남과 북은 현 정전체제를 종식시키고 항구적인 평화체제를 구축해 나가야 한다는 데 인식을 같이하고 직접 관계된 3자 또는 4자 정상들이 한반도 지역에서 만나 종전 선언을 하는 문제를 추진하기 위해 협력하기로 했다. 남과 북은 한반도 핵문제 해결을 위해 6자 회담 공동성명을 순조롭게 이행되도록 공동노력을 하기로 했다.

5. 남과 북은 민족 경제의 균형적 발전과 공동의 번영을 위해 경제협력 사업을 공리 공영과 유무상 등의 원칙에서 적극 활성화하고 지속적으로 확대 발전시켜 나가기로 했다. 남과 북은 경제협력을 위한 투자를 장려하고 기반 시설에 확충과 자원 개발을 추진하며 민족에 내부 협력사업의 특수성에 맞게 각종 우대조건과 특혜를 우선적으로 부여하기로 했다. 남과 북은 해주지역 주변 해역을 포괄하는 서해 평화 협력 특별지대를 설치하고 공동어로 구역과 평화수역 설정 경제특구 건설과 해주항 활용 민간 선박의 해주

직항로 통과 한강하구 공동 이용을 적극 추진해 나가기로 했다. 남과 북은 개성공업지구 1단계 건설을 빠른 시일 안에 완공하여 2단계 개발에 착수하며 문산 봉동 간 철도 화물 수송을 시작하고 통행 통신 통관 문제를 비롯한 제반 제도적 보장조치들을 조속히 완비해 나가기로 했다. 남과 북은 개성 신의주 철도와 개성-평양 고속도로를 공동으로 이용하기 위해 개보수 문제를 협의 추진하기로 했다. 남과 북은 안변과 남포에 조선 협력 단지를 건설하며 농업 보건 의료 환경 보호 등 여러 분야에서의 협력사업을 진행해 나가기로 했다.

6. 남과 북은 민족의 유구한 역사와 우수한 문화를 빛내기 위해 역사 언어 교육 과학기술 문화예술 등 사회문화 분야의 교류와 협력 발전시켜 나가기로 했다. 남과 북은 백두산 관광을 실시하며 이를 위해 백두산 서울 직항로를 개설하기로 했다. 남과 북은 2008년 북경올림픽 경기 대회에 남북 응원단이 철도선을 열차를 처음으로 이용하여 참가하기로 했다.

7. 남과 북은 인도주의 협력사업을 적극 추진해 나가기로 했다. 남과 북은 흩어진 가족과 친척들의 상봉을 확대하며 영상편지 교환사업을 추진하기로 했다. 이를 위해 금강산 면회소가 완공되는 데 따라 쌍방 대표들 상주시키고 흩어진 가족과 친척의 상봉을 항시적으로 진행하기로 했다.

8. 남과 북은 국제무대에서 민족의 이익과 해외 동포들의 권리와 이익을 위한 협력을 강화해 나가기로 했다. 남과 북은 이 선언의 이행을 위하여 남북 총리 회담을 개최하기로 하고 제1차 회의를 금년 11월 중 서울에서 갖기로 한다. 남과 북은 남북관계 발전을 위해 정상들의 수시로 만나 현안 문제들을 합의하기로 했다.

2007년 10월 4일 평양
대한민국 대통령 노무현
조선민주주의 인민공화국 국방위원장 김정일

노 대통령 옛집을 보면 초가삼간 그분의 지난 어떤 삶을 살았는가를 보여주며 그의 스스로 절제나 강철 같은 기계(奇計) 의지 소신에서 철학적 투철한 인생관을 가난한 삶에서 용솟음쳤음을 알 수 있다. 초선의원 시절 이상적인 사회는 말하기를 "먹는 것 입는 것 걱정 좀 않은 세상, 더럽고 아니꼬운 꼬라지 없는 세상, 분하고 서러워서 목숨 끊는 일이 없는 세상!" 노무현만이 갖는 지조(志操)를 연상케 한다. 임기 중 말했던 바가 특권 반칙 기득권 횡포 차별 없는 공평한 세상을 내세웠다. 고교 출신 학벌 설움 아방궁(저속으로 10여 분 달리는 정도 크기)

그는 2008년 2월 24일 임기 마치고 경남 진해시 진영읍 봉화마을 고향에서 일간지 기사 2009년 격없이 동리 주민과 밀짚모자 모내기 전통주 막걸리 기울이는 기사는 서민적 보기에 좋았으며 벼가 누렇게 익은 가을 들녘 손녀 앞자리 태워 자전거 산책이 인상적이었다. 그러나 검찰이 놓아두지 않았다. 고가 억대 선물 시계 논두렁에 버렸다는 언론에 발표 그리고 검찰 중수부에 소환 이인규 부장검사가 당신이 대통령 신분이 아니라 피의자 신분 질의 솔직히 대답하라는 발언이 아연질색(啞然窒塞) 모멸감에 상상이 되지 않는다. 논두렁 시계는 거짓이라는 일반적 보도 사례로 알려졌으며 검찰이 발설이라는 보도가 있었던 바이다. 그런데 (2024년 5월 초) TV 노 대통령에 대한 담화에서 상처를 주려 발언한 사실이라는 보도가 나왔다.

시대에 우리 정치적 질곡이 있어야 하며 필요한가? 이런 파행적 형태가 시대 이전에 부적합 비리행위 누습의 답습에서 비롯된 불필요한 근원의 산물이 정치 발전을 피폐로 이끌어 오는 데 있다 하겠다. 각성의 논의가 없는데 변화를 생각할 수 있겠나? 문제이기도 하다. 대통령이 부엉이바위 2009년 5월 23일 퇴임한 지 1년 3개월 만에 유서에 "미안해하지 마라. 누구도 원망하지 마라." 부엉이바위에서 "운명이다." 남겨 서거했다. 정토전 암자에 김대중 대통령 노 대통령 사진이 놓여 있다. 한명숙 전 총리는 조사에서 다음 세상에서 부디 대통령 하지 마세요. 정치하지 마세요. 조사에서 영전에 받쳤다.

물은 흘러가며

●

물은 흘러가며
곳곳을 굽이 굽이 살펴
돌고 돌아
식수로 농업용수 공업용수
대지 옥토의 자원이 되어
쉬어가지 않는다

덮치고 뒤집혀 휘몰아 솟구쳐
휘돌려쳐 부딪쳐도
서로가 서로를 받아주어 간다

사람 사는 세상 사람 세상에서
양심에 털 가시 돋치면
사리 이성을 잃어
역 억측으로 강성 작열한다

제17대 이명박 대통령

●

한나라당 이명박 후보
민주당 정동영 후보

17대 대선에서 한나라당 이명박 후보가 60% 이상 표차로 민주당
정동영 후보를 누르고 당선되었다. 2008년 2월 25일 취임식에서 아래
와 같이 발표했다.

1. 국민을 받들어 섬기는 정부
2. 경제 발전 및 사회통합
3. 문화 창달과 과학 발전
4. 튼튼한 안보와 평화통일 기반 조성
5. 국제사회의 책임완수

청계천 복원 공사

2003년 7월 1일 복원 공사 착공한 청계천은 한강 수계에 속하며 중
랑천 지류로 발원지가 종로구 청운동 자하문 길에서 북악산 전 상쪽
150M 지점 청운동 벽산빌라 뒤편 발원 지점 100M 위 바위는 고려 후
기 조착 추정 마애석불 높이 1.5M 폭 0.7M 발견 지점 백운동 계곡이며

백운동과 삼청동천과 합류한다. 노후 구조 고가도로를 철거하여 복원 공사를 2005년 10월 1일 이명박 서울시장 당시 완공했다. 시민의 생활 공간과 기후 환경에 도움을 주는 공사였다.

핵포기 폐기 메시지 돌아온 것 무엇인가?

2007년 12월 정동영 후보와 경선에 유례없는 큰 표차로 대승하였고 2008년 1월 MB 대통령 인수위 조직 출범 얼마 아니 되어 북한에 메시지 발표가 있었다. 그것은 핵포기 메시지였다. 반응이 없었고 이후 강하게 핵포기에서 폐기로 선회하여 강하게 보냈다. 그러나 대북 반응 어떠했으며 어떤가? 일체 응답이 없이 지나갈 때 의아한 생각이 들었다.

핵포기 폐기 요구 메시지는 종래 남북관계 개선에서 적대감 없이 남북이 서로가 개성공단에서 보여주듯 어떤 영향이 없이 이산상봉 개성공단 가동 등 서먹한 감정이 되지 않는가다. 그간 기업들이 쌓아 올린 남북이 화해 정치 상황을 떠나 같은 민족 동질성 관계 남북이 좋은 조짐으로 지내오던 중 기류 변화할 충격적 대북 핵포기 폐기 메시지 발언이 시간이 지나 수위를 높여 핵폐기를 요청하였으며 응답이 없는 상황이었다. 더욱 현실에서 대화나 협상이 어려울 터인데 인수위에서 핵포기 폐기 메시지에 북에 가능할 사안일까? 어떠할까? 전혀 이렇다 저렇다 답하지 않았다.

언뜻 사려하여 보아 정권이 바꾸었다 해도 종내 화해 분위기를 이어가야 하잖는가? 자극! 북한을 너무 모르는 처사이다. 예로 인간관계에서나 상식을 뛰어넘어 선 북한에 그간 좋은 관계였는데 당선인 바뀌었다 해서 핵포기 폐기가 상대는 괴팍한(성미가 까다로워 붙임성이 없고 고집 세다) 성질인 북한 정권을 모르나 전과 전연 다른 역반작용 가능성 아닌가 한다.

여기에 있어 관계에 소통이 남북관계 분위기는 어찌 되겠는가? 인수위가 해보는 소리 아니라면 우쭐대는 소리 아니라면 한국일보 사설에서 유연성 조언을 우려하여 네 번이나 사설화했다. 어찌 보아 상식과 이해가 되지 않은 급반전 메시지, 어찌 되는 것 아니인가 했다. 북한에서 아무런 어떤 반응 대답이 없이 지나갔다. 모르는 바 아니기에 북을 자극에 이르게 하여 불 보듯 기존 분위기에 전연 다른 불협화음을 전하여 주는 바 아니인가?

남북관계는 전혀 다른 서먹한 분위기로 취임 후 4월 관광객 박광자 씨 동해 해변 피살사건 후 정부에서 사과 요구를 당연히 해야 했다. 더욱이 다른 분위기로 전환되어 2009년 1월 3일 남북조약 폐기 모든 합의 무효 NLL 폐기 북 압박 수위 높여지며 남북관계는 껄끄러운 관계에서 다른 양상의 냉기류로 변화하여 갔다.

2010년 5월 24일 조치로 남북관계가 밑바닥 단절 선회로 돌아서 대화 실오라기조차까지 끊기었다. 핵포기 폐기 말로 가능할까? 허무한 소리 아니인가? 될성싶은 소리 아니었다. 2010년 3월 26일 백령도 경계선 근해 북의 어뢰정 공격 선체 반파 장병 46명 사망 부상 6명 애절과 가슴 아픈 참상을 맞는다. 허투루 한 소리가 무엇인가? 백번 천번 생각하건대 왜 좋은 분위기를 뒤바뀌어야 하나? 이 순국 영웅 영령 제단 앞에 이름 외어 한 사람 한 사람씩 이름을 부른들 살아 돌아오는 영웅 있을 리 없다.

같은 해 11월 23일 옹진 연평면 북 괴뢰 포격사건 군 2명 사망 민간 2명 사망(언론이 경계했어야 하며 우리 K9 자주포 화력의 위력을 보여주었다) 차제 멀어져 결과가 박근혜 대통령 시기 2016년 2월 16일 모두 개성공단 근로자 철수 방수 전력 중단 완전 폐쇄되어 기업주들 기계 장비 생산물품 기구를 놓아두고 철수에 이른다. 남북관계 화해 성사를 깨부시어 대결로 가야 하는가? 이로 따른 국가적 손실 헤아릴 수 없는 조 단위라 한다.

여하간 현상 유지를 허물어 남북관계를 단절 결과 무엇인가? 화해 숨통 이루어 개성공단 일자리 기업활동 그나마 대화의 창구 이산가족 상봉 만남 모두가 단절 전쟁의 증후 국민 바람일까? 소위 좌파 우파 하는 짓일까? 참담하며 냉전 대결 6.25 반세기만의 화해 이산가족 서로 만나는 기회조차 끊기었다.

기막힌 인도주의 경제교류 남과 북이 경제 성장 발달을 우리의 수월 정치 사회 문화 농업 기반이 저들을 일으켜 주어 나은 삶이 되어가게 우리를 신뢰하여 따르게 되어 있다. 그 같은 기반이 불신을 점차 해소하여 가 민족 동질성 회복되는 길이며 언젠가 우린 갈라진 땅일 수 없이 후대 자자손손 대치 으르렁거려야 하는가? 바로 통일지향 만대 후세 고통을 물려주어서야 하는가? 아니 된다.

정치가 국민 눈물 닦아줘야 하는데 눈물 나오게 하였다. 역대 고금 통해 "국가 지도자 여하에 따라 백성, 국민이 운명적 영향이 따른다는 사실을 지적한다" 핵포기 폐기 뻥튀기되어 돌아왔다.

4대강 공사

4대강 공사에 첫 발표가 역사적 공사 낙동강 상류 경기 여주 남한 강 터널 뚫어 서울 관통하는 꿈의 대운하 공사 발언이었다. 국가 경제력 막대한 비용 직면해 문제를 접고 4대강 낙동강 한강 금강 영산강을 준설 녹색 친환경 사업으로 보 설치를 하려는 계획에 따라서 홍수 가뭄 방지 농공 수자원 이용의 유용 효율성을 감안하나 충분한 기간을 가져 국민 및 환경 전문가 단체 다른 나라 실현국 실태 사례 등 논의 합의 준비 기간이 없이 단기간 내 보 설치 보도가 운하 기초 설치작업에 인상과 물은 흘러야 가두어 두어 썩어 환경오염의 문제 발생 등 환경 전문가 단체 우려를 설득하지 못한 채 보다 착공 진척이 의견 상충이 야기되어 독일 실사 전문가는 둘러보아 비관 보도였던 것이 사실이다.

이에 대한 운하에 애착에 의구심 떨칠 수 없이 설왕설래 분분한 것이다. 2008년 12월 29일 낙동강을 시작하여 한강 금강 영산강 16개 보를 설치하였으며 보 설치 지면 지하 2~3m 깊이 상단 휘장을 갖춰진

22조 이상 국고가 투입되었다. 이후에 상류지류의 보수비가 많은 추가 비용 보도가 있었다. 홍수 가뭄 조절 물 자원 이용 효능 유지 보수 관계에서 평가해야 하는 바가 되겠다. 현재로서 긍정적인 바 아닌가?

4대강 보의 현황(16보 물 흐름 기준)

1. 낙동강 : 상주보(안동댐 합류) – 낙단보 – 구미보 – 칠곡보 – 강점 고령보(대구) – 달성보 – 합천창녕보 – 함안보 525km

2. 한강 : 충주댐 – 감천보 – 여주보 – 이포보 – 팔당댐 – 행주대교 – 아라뱃길 한강 하구 307km

3. 금강 : 대청댐 – 금남보(세종보) – 금강보 – 백제보 – 금강 하구 27km

4. 영산강 : 담양댐 – 승촌보 – 죽산보 – 영산강 하구 248km

사회의 실상

출산율 1.5명 30대 출산율 57.5% 최대치이며 20대 계속 떨어지는 추세로 산모 연령이 높아지는 데 따라 31세가 지난해보다 0.2% 상승이다. 출생아 수는 경기가 11만 3,800명 많았으며 서울이 8만 9,500명 충남 3만 300명 시간이 흐르며 결혼연령 및 출생연령이 높아가 더욱 출생 인구 감소에 심각성을 제기한다.

70년 중반 넘어 박 대통령 당시 "아들딸 구별 말고 둘만 낳아 잘 기르자." 했던 시기에서 불과 30년 차 점차 인구 감소로 시대 흐름 변화에 여성의 인권 권위 향상과 정신적 육체적 고통스러운 출산 거부 기피가 한국 사회 삶 현실 앞에서 출산 양육 유아부터 대학 이르기까지 뒷바라지하기 녹록지 않은 실태에서 점차 결혼 인식이 선대와 같지 않은 시대 변화 다른 사회 현상이겠다.

그리고 사회환경 인식 실상이 상위 소득계층 지식계층 즉 기득권계층 선망에 좋은 대학 거쳐 공공기업 대기업 취업 선호하는 일반적 사회 분위기에 성적 학벌 교육 현실이 최고 순열(順列) 학벌 경쟁이 사회적 현실이고 한편 직장 임신 여성을 회사에서 사표 종용하고 인구 증가 과제를 이전 이후 국가에 정책계획 수립이나 정책 방향이 수립되어 있었는가? 하지 않은 것이 인구 증가 대책 문제이며 국가의 중대한 뿌리에 소홀함이다.

출산 후 아기를 돌보아 살펴줄 시설 시회 환경이나 정책대안이 이전부터 지나오는 과정에 역시 있지 않았다. 직장 여성에 안심 방안의 사회 분위기가 갖춰지지 않은 것도 사실이다. 반면 실업의 소중한 국가 정책이나 실과교육 삶에 관계 근원적 원천임에 사회환경 인식이 근로노동자 삶의 가치평가가 어떠했는가? 고려하여 보면 노동자 우대조건이 社는 사대로 勞는 노대로 서로 상생적 인간관계 협상이었는가? 일면 노에서 사측 고려보다 양보 상생보다 강성 일변도 아니었나?

우리가 한 가지 주목해야 할 것이 삶의 사회의 계층 간 소득 격차 심화 주택 상승 취업 일자리 문제가 삶에 불균형 요인이 사회안정이나 사회정의 관점에서 불화와 저해될 것인 바 저소득 빈곤계층이 방세의 고통 속에 생계유지 소외계층 삶에 걱정을 안고 살아가야 한다. 그것은 군사정권의 완력 탄압 박정희 정권 당시 수출 성장 금자탑 찾던 시대 노동자 배려하는 잠재적 정책이 싹터 사람을 중(重)하게 노동자에 배려하는 싹이 전통적 발현되었다면 한다. 대감과 종 지배적인 토대를 벗어나지 못했다. 전두환 정권에서는 대공정책 탄압에 생각할 전혀 여지가 있었겠나 하겠다. 탐욕 눈독에 부와 빈의 격차가 심화해서 나만이 아니었던가?

기초과학 첨단과학과 고급 인력 양성 AI 인재 양성은 언제나 시대 시책 과제이다. 사회의 현실에서 신뢰 믿음의 안전한 사회 실현이 국가 지도 정책에 따른다 하겠다. 아직도 우리에게는 멀었다. 정치가 새로운 변화 요구를 당시 시대 반영이었다.

사회 불안 요인을 부르는 음주운전, 즉흥적 돌발 칼부림, 용접 실화, 화재에 대한 체계적 국민 계도, 공사장 사상 및 추락사, 기타 안전 불감증 사고 안전 사회 위한 국정 대책으로 삼아야 할 일이다. 사후약방문식은 의미가 없다. 사고에 대한 엄중한 관리자의 책임감과 안전교육 인식이 철저해야 하며 책임감에 대한 국민 관심사로 고조화되어야 한다고 본다. 철저한 대안 국민 계도 대책이 필요하다. 언론에서 계도하는 대안이 필요하다.

동계올림픽 개최지 선정
남아프리카 더빈에서 현지 시각 2011년 7월 7일 18분 IOC 1, 2, 3

차 총회에서 대한민국 강원도 평창 아시아 세 번째 개최지로 선정(일본 삿포로 1972년 일본 나가노시 1998년) 독일 문렌 프랑스 안시 신청이 무산되어 역사적 감회 우리나라가 동계 평창올림픽 개최국으로 선정되었다.

2008년 KBS MBC YTN

2008년 최시중 방송통신위원장 취임했고 이후 언론 사태는 어떠했는가? 연도별 상황이다.

2008년 KBS MBC YTN

KBS 8월 정주영 사장 배임혐의 해임, 2012년 무죄 확정

8월 이진순 사장 선임 시사투나잇 등 정권비판 시사 프로그램 폐지

MBC 6월 PD수첩 광우병 관련 조사

YTN 7월 구본홍 MB 대선특보 사장에 선임

10월 15년 경력 베트랑 기자 간판 앵커 활약한 노정면 노조위원장 대선에서 구본홍 사장 취임 반대 이유로 5명 직장을 해고

2009년 KBS MBC YTN

KBS 11월 김인규 MB 대선특보 사장 임명 낙하산 제기

MBC PD수첩 제작진 기소 2011년 무죄 확정

방문진 이사장 MBC 엄기영 사장 체제에 불만 토로

YTN 3월 구본홍 반대 파업 주도 노조간부를 긴급체포

10월 배석규 사장 취임(7월 한나라당 미디어법 처리)

2012년 실태

2012년 KBS MBC YTN

KBS 3월 6일 새노조 총파업

4월 5일 사측 파업 참여자 51명 징계 인사위 요구 20일 최 기자 해임 결정

24일 드라마 CP 간부 22명 보직 사퇴 동참

5월 4일 제1노조(새 노조) 파업 참가

6월 8일 업무 복귀 김인규 11월 사퇴

MBC 1월 30일 노조 총파업 돌입

3월 6일 사측 노조 상대로 30억 원 손해배상

12일 18개 MBC 지역노조 파업

6월 20일 PD 해고 등 12명 중징계

22일 사측에서 노측 상대 소송액 196억

7월 18일 170일만 업무 복귀

총리실 3년간 무차별 사찰 2,619건 드러나

KBS 2014년 길영환 사장 언론 공정 침해로 해임 청원에 해임

YTN 11년 8월 방문진 사표 8월 김재철 사장 재신임

사장은 내부의 목소리를 철저히 묵살하고 목소리를 내는 구성원에게 부당해고나 징계 전보조치를 가했다. 10년 동안 바른 소리를 차단했으며 공영방송이 정부 입김에서 자유롭지 않았던 언론 지배구조 개선밖에 없다는 것이다. 이렇다 하여 보아 정권이 언론관계에서 독립성 자율성 보장이 통제나 간섭하여 가며 정치 중립성을 보장해야 할 명백

한 세계 언론 상황에 역기능적 언론 위상을 핍박해 편협한 행위로 프로
그램 편성 제작에 혼선 훼손케 하여 공공성 공정언론 보도를 혼란케 하
여 시청자 국민의 정보상의 왜곡되게 해야 하는가? 이는 부당한 언론
의 폭력이다

상업방송 다양 채널 방송개설이 MB 정부에서 시작되다
퇴임 2013년 2월 24일
DAS는 누구 것인가? (膾炙)* 판결 MB 대통령 것

2010년 6월 10일 제목
: 꽤씸죄 걸리면 끝장 규제개혁 딴 나라 이야기

민원 제기하지 않는 이유
어차피 해결되지 않는다 43.4%

번거롭다 38.4%

꺼림직하다 29.%

방법을 모른다 15.1%

필요성을 못 느낀다 5.9%

기타 12.0%

– 일간지 2010년 8월 23일

---

*회자(膾炙) : 널리 여러 사람 입으로 오르내림

공공기관 성과급 제한

공공기관의 성격이 지방 공공기관 국가 공기업 다양하며 통계 따르면 280 내지 300업체 이상에 이른다. 여기서는 국가 공기업을 대상으로 하며 어느 공공기관에 빚 적자더미에 성과급 지급에 있어 논란이 일자 내년부터 경영평가에 재무 건전성 비중 확대 공공기관의 경우 임직원에게 성과급을 마음대로 펑펑 지급하지 못하게 될 전망이라 하나 경영 실적이 부진한 기관의 성과급 지급이 국민 앞에 온당한 성과 지급일 수 있는 사례인가? 임자 없는 고물떡 먹기처럼 부끄럼이 없다.

한국이 어찌하여 이처럼 썩었는가를 살펴보면 지난날 물들여진 것들을 살펴보면 알만하겠다. 이 같은 행위가 국가 재력을 갈아먹는 반국가적 태도를 제지하는 국가기관 어디인가 하겠다. 경영의 실적이 적자에 빚지고 성과급이라 참스럽게 사는 이가 그래도 알아주던 아니하던 자기 갈 길 정상이 옳다.

검사의 X파일

"십년이여 강산이 변한다"를 생각하는데 한 시대에 사회 현실에 사익을 위한 건설업자 J씨가 암암리에 검사들에 접근하여 연관을 쌓아가는 과정에서 일이며 당대에 현실의 사법계 거울로 표방하여 반성에 투영(投影)하여 정대하고 공명하게 하는 계기로 삼아보기 위해 적시하나 이다. 그는 25년간 검사들에 뇌물 향응 성접대(룸싸롱 수표번호 등 내역 구체적 기록) 그가 사기 기소에 불만에 제보한 사태이다.

한 달 한두 번 서울 올라가 역삼동 유명 음식점에서 부산 경남지역을 거쳐 간 검사들을 접대한 것으로 알려졌다. 2차 비용 물론 촌지가 담긴 삼천포 쥐취포 한 상자씩도 전했다는 진술이다. 그가 25년간 촌지 행사 회식비 성접대 등으로 검찰에 쓴 비용은 수십억 이르며 박연차 회장보다 검찰에 더 많이 썼다 한다. 한 번이라도 그의 접대를 받아본 적 있는 검사 300명 넘고 그중 주요 인사만 50~60명 될 것이라 주장했다. 이에 대검은 사안이 중대를 감안 특별검찰부를 설치하는 방안도 검토 중인 것으로 전해졌다 한다. (이 기자, 문 기자)

위선

●

닫혀지면 좁아지며
선입관이 자칫 자기 착각

뛰어넘어
생각과 마음을 바꿔가야
새로운 세상을 보이게 하다

자신이 자기를 보는 생각이
쉽지 않을 것

남에게 돌리는 생각은
헛된 추악한 위선이 되다
부족한 것을 자인하는 것

새싹은 어여쁘며 강하다
돌아봄이다 알아야
탓이 자기 포장 부족함이다

참과 거짓의 자리

●

참은 거짓에 기대지 않는다
거짓은 참에 기생하거나 의지하려 든다

진실은 허구 거짓에 배반하며 거짓과
함께 공존하지 않는다

그러나 허구 거짓은 참 속에 숨어 살려 든다
그러니 거짓 허구를 잘라내어야
자취(自取) 생각을 잃어서는 허구 거짓에
대가를 치른다

거짓 허구가 기생하여서는
고통에 괴로움을 맞게 한다

젊은이의 고백

●

현기증이 난다
치솟는 아파트값
기력을 잃게 한다

당겼다 땡겼다
삶았다 재어가며
헤치어 파고들어
축재(蓄財) 먹잇감

알게 무엇이냐!
할 말 없다

능력이냐 수단이냐 정보냐
축재에 자신만큼 남을 돌보았을까

평생 둘이 모아야 아파트 살까
젠장 세상 사람 살 수 있나?
같이 살자구요
어지러워!

청문회

●

삶의 격(格) 차이다
생각이 안 난다 잊었다
모른다 기억이 없다

다운계약 위장전입 병역기피
미필신고 위장계약 세금포탈 음주운전
위조 기피작전 변태의 극치

청렴결백이 공직사회 통념적 인식인데
자신들의 자기 돌봄
믿음 신뢰 불신 알겠냐? 했지

사회는 어떻게 작용되는가 알까나? 응?
허투루?
통절하게 지난 시대 돌아보는
성찰 이 한마디 어디 갔냐?
꿈 깼나 하늘이 보다 웃는다

공사장 일자리에서

●

땀 흘려 일하는 건설의 역군
그분들이 남이 아이니
나라를 어깨에 멘 우리 삼촌

아슬아슬 간들간들 안전주의
기업주 생명이 일자리 있다고
가족이라고

안전을 공부하는 업주
위엄(威嚴) 작업 근황을 아는 주인
사고 없는 공사장
최우선 안전을 내세우는 일터

땀에 보람의 자리가 무사이고
인생을 아는 공사장이라
산업역군 일손이
삶과 일의 빛이 나타나다

제18대 박근혜 대통령

●

한나라당 대표로 2012년 12월 19일 문재인 후보를 누르고 당선되어 2013년 2월 25일 제18대 대통령으로 취임하여 2016년 12월 16일 최순실 민간인 이는 영세교주 최태민의 딸 최순실 정유라 기마 올림픽 출전 위한 미르재단 K-스포츠재단 설립(박근혜 최순실 게이트) 국정농단 비선실세 대기업 뇌물 의혹 사회적 문제 세월호참사 진상 규명문제 소홀 종래 역사 교과서 검인정 교과서를 국정교과서 반대에 직면 그리고 2016년 10월 24일 JTBC에 최순실 태블릿 컴퓨터를 입수하여 그 기재되어 있는 문안이 대통령 국정 연설문과 동일한 사실이 밝혀지며 충격을 주게 되었다. 2016년 10월 29일 첫 촛불집회가 시작으로 대통령 사과 국정농단 하야 주 토요일 거센 촛불집회와 횃불집회 일어났다.

한나라당으로 이끌었던 당명을 2017년 2월 3일 새누리당으로 개정했고 2016년 12월 9일 국정농단 국회 본회 찬성 234표 무효 7표 기권 2표로 탄핵이 가결되며 헌재 선고 2017년 3월 10일 헌재 재판관 8명 전원 일치로 탄핵 선고되다. 그리고 이어 2017년 3월 31일 수감되는 불운을 맞이하며 22년형 국정농단으로 복역 중 2017년 5월 9일 당선된 문재인 대통령이 2021년 12월 30일 특별사면으로 밤 12시 석방되어 병 치료를 들어갔다. 치료 이후 2022년 3월 24일 사저로 들어갔다.

公과 私

●

공(公)과 사(私)에서 서로 반대 의미 대치관계로 본다. 공은 국가 지도자 및 종사자의 절대 소양의 질이라 보아도 무리가 아니겠다. 공직자는 청렴결백하여 허위나 잔꾀 위선을 배제하여야 하며 엄격한 공개념(公概念) 소유된 행위로써 진실 사실관계가 노정(露呈)되어야 한다. 국가 책임진 지도자의 공과 사에 공개념의 의식이 투명하지 않거나 국정 시행에 흐리멍텅하다면 국가 미래 특성적 지향을 기대할 수 있겠는가? 이 같은 개념의식이 성장 과정에서 소양 의식이 형성되어 성숙되는 과정이 있어야 한다라고 생각한다. 하루아침이 아니겠다.

지도자는 통찰과 직관력 철학적 사고 겸손한 품성 포용력 지성을 갖춘 지도자를 지지하고 싶으며 폭력성 국정에 빙자하여 자만에 차면 오만이 되겠고 오만한 사람이 어떠할까 싶다. 예를 들어 우리 생활 속에 통념 관념으로 大木手는 연모 탓하지 않고 小木이 한다. 그에 있어 자신의 부족을 반사하여 억지나 기승 남의 탓으로는 자가 자신 부족을 말하는 의미인 동시 횡포의 근원이 될 수 있겠다. 어리석음이다. 남의 탓은 공공성 의미보다 어디까지나 사적 발언에 불가하다. 公務者 公人은 항상 사사로운 생각보다 공격(公格) 의식이어야 하겠다. 우리의 정치 사회 어느 부서에서든 공동체 사회에서 공공성 객관성을 의미한다는 것 아니인가? 법률상에 문제에서 법규 최후 보루 기관이 골 먹었다 하면 공동체 사회에 신뢰가 무너지는 불안에 그 꼴이 되겠다. 예로서 공금을 쌈짓돈 쓰듯 했다. 바로 公과 私 구분 한계를 벗어나는 행동이 니 법규를 무시하는 처벌 대상이다.

　법률을 벗어난 행동 내가 좀 하는 생각이 私 개인 것으로 삼는 공과 사 기준 의식의 한계성을 벗어나 멋대로 자기 생각에 행동이 엄청난 불신이겠다. 앞과 뒤가 맞지 않는 그릇된 착각이다. 이런 것들에 비롯하여 그릇된 생각을 멋대로 용인하는 사회는 같은 맥락이다. 침묵이나 방관하는 자세를 이제 엄격한 지탄의 대상자로 경계되어야 할 사항이며 대상자이다. 公과 私를 일상에서 바르게 구분해 인식하여 사회 법규 기준에 한계선을 벗어나서는 아니 되는 평범한 사실이다.

　지난날 정권 위한 그들의 생각대로 헌법 유린하며 수단을 동원한 무력 행위는 그에 따라 어떤 방법에 동의를 했다면 국민이 몫이다. 탄압과 인권 유린을 당했던 받았던 계약관계에 해당한다. 사회의 공개념 제도에 공정성 선진화 의식 변화 신뢰해야 하는 사회가 부정인 것들을 청산이나 미룩거리며 진행되어 가면 미래를 내다보는 공동체가 불신과 불공정 불안한 사회 모습을 자아내어 법계 모든 규범에서 사회는 혼탁함과 부정이나 비리가 암암리에 기승(氣勝)이 작용하여 공정사회는 멀어지어 불순이 자리매김하는 토대에 악순환이 가능하다고 본다. 지난날 선거비리에서 공직자 공무상에 각가지에서 비롯하여 일어난 사례를 수다한 불순 비리 횡령 위조 협작 사기 썩은 것들 사법계까지 거울 삼아야 사례이다.

참사 세월호
- 2014. 4. 16. 추정하여

●

눈물인지 피눈물인지
하늘이 무너지는
한국인 모두가 저런 저런
어찌할 수 없는 순간

바닷물 속에
우리 아들 딸들이
숨 쉴 수 없는
절박에 순간이다

참담 천태 썩은 물이 바다까지
덮었다

오염 흐름 고리 이뿐인가
회고(回顧)의 성찰(省察) 돌아본 적
없어서…

말쟁이들 그래도 유구무언(有口無言)이다

한국의 부정부패 비리 총체적 축소판이라 했다

바다에도 오염의 아픔으로 피눈물이다

제19대 문재인 대통령

●

2017년 5월 9일 자유한국당 홍준표 후보와 선거에서 17.05% 차로 대통령 선거에서 당선되어 2017년 5월 10일 낮 12시 국회의사당 19대 대통령 취임식을 갖었다.

취임사 요지

위대한 국민의 선택에 머리 숙여 깊이 감사드립니다. 새로운 대한민국 첫걸음 막중한 소명감 무겁고 경험하지 못한 나라를 만들겠습니다. 통합과 공존 새로운 세상을 열어갈 청사진으로 가득합니다. 숱한 좌절과 패배 불구하고 선대 일관되게 추고한 나라 선거에서 승자도 패자 없습니다. 국민들은 좌절하지 않고 전화위복 계기를 승화 새로운 세상 지지 않은 국민 한분 한분 저의 국민이며 섬기겠습니다. 권위 대통령 문화청산 국민과 수시 소통하며 광화문 광장에 대토론회 제왕적 권력을 나누겠습니다.

권력기관을 정치로부터 독립시키겠습니다. 한국 평화 위해 동분서주 일자리 창출 재벌 개혁에 앞장서겠습니다. 깨끗한 대통령 약속을 지키는 솔직한 대통령 신뢰받는 정치 솔선수범해야 정치 발전 가능할 것입니다. 거짓으로 불리를 한 여론을 덮지 않고 공정한 따뜻한 대통령 되겠습니다. 2017년 5월 10일 대한민국이 다시 시작되는 나리 함께 해 주십시오. 신명을 받치겠습니다.

2018년 평창 동계올림픽

역사적인 평창 동계올림픽이 2018년 2월 9일부터 17일간 25일까지 세계 제23회 올림픽 개최되었으며 대회지 시설 숙박 한국의 동계올림픽 거창한 위상을 그대로 보여주었다. 이때 북의 김정은 동생 김여정이 일원 대회에 참석하였고 선수 및 응원단 280명 왔다. 하키 부분에서 남북 공동 단일팀으로 참가했으며 우승권 이르지 못한 실패에 마지막 날 서로의 등 부둥켜안고 울었던 장면이 동포애를 느끼게 했다.

이어 4월 27일 낮 12시 남북 정상이 판문점 시멘트 가로질러 나간 경계선에서 문 대통령과 김정은 세계가 주목하는 만남에 경계선에서 서로 손잡아 김정은 넘어오라 문 대통령과 손잡은 채 넘나드는 장면은 단절 대치 통한의 한순간 무너지는 것 같은 역사적 정상 상봉이었고 하늘색 도보다리 단둘이서 걸으며 상담 장면이 평화 공존 의미를 보여주었다.

판문점 회담 전문에 평화의 번영 통일을 염원하는 온 겨레의 한없는 지향을 담아 한반도에서 역사적 전환이 일어나고 있는 뜻깊은 시기에 2018년 4월 27일 판문점 평화의 집에서 남북 평화 회담을 진행하였다. 외세에 의한 분단의 아픔 숱하게 쌓인 혜안이 머리를 스치었다. 왜 우리는 일제의 민족 아픈 통한 그리고 남북 민족 분단의 동란 아픈 시련 통일 없는 분단의 가족 생이별 눈물 세월 원하지 않은 우리의 고통과 아픔이 쌓여 보인다.

2018년 9월 19일(9.19 선언) 평양공동선언

2018년 제3차 남북정상회담 9월 18일부터 20일까지 평양 영빈관에서 회담을 통해 평양공동선언 합의했다. 실재의 군사적 행위 전면 금지 비무장지대 평화지대 서해상 평화수역 교류 협력 왕래 활성화 위한 군사적 보장 대책강구. 양 정상은 판문점 선언을 철저히 이행하여 남북관계를 새롭게 높은 단계로 진전시켜 나가기 위한 제반 문제 실천적 대책을 허심탄회 심도 있게 논의하였으며 평양회담이 역사적 전기가 될 것이라는 데 인식을 같이하고 다음과 같이 선언한다.

1. 남과 북은 비무장지대 비롯한 대치지역에서 군사적 적대관계 종식 한반도 전 지역에서 전쟁위험 제거 근본적 적대관계 해소한다. 남과 북은 군사공동위원회 조속히 가동하여 군사 분야 합의서 이행 실태 점검 우발적 무력 충돌 방지 위한 상시 소통과 긴밀한 협의를 진행하기로 하였다.

2. 남과 북은 상호 호혜 공리공영 바탕에서 교류협력 더욱 증진 민족경제 균형적으로 발전시키기 위한 실질적 대책을 강구하기로 했다.

3. 남과 북은 이산가족 문제를 근본적으로 해결하기 위한 인도적 협

력을 강화하기로 했다.

4. 남과 북은 화해 단합 분위기 고조시키고 우리 민족끼리 기개를 내외 과시하기 위해 다양한 분야에 협력 교류를 적극 추진하기로 하였다. 남북 10.4선언 11주년 뜻깊은 기념행사 3.1운동 100주년 남북이 공동으로 행사를 갖기로 하였다.

5. 남과 북 한반도 핵무기 위협하는 평화 터전 만들기 위해 필요한 실질적 진전을 조속히 이루어 나가는 데 인식을 같이했다.

6. 김정은 국무위원장은 문재인 대통령 초청에 가까운 시일 내로 서울을 방문하기로 하였다.

2018년 9월 19일
대한민국 대통령 문재인
조선민주인민공화국 국무위원장 김정은

절호의 기회 죽였다

노무현 대통령 그리웁고 간절하게 생각이 나서 생전에 살아계셨다 하면 기대와 바람에 차오르게 하는 희망적인 역사에서이다. 역사를 창조하거나 한 시대 역사의 획을 그어내는 역사적 과업을 이끌어낼 용단과 결단을 잡아낼 수 있는 지혜의 기회에서 자신을 불태워 즉 사즉생 민족통합을 이루어낼 역사적 인물이 간절한 시기와 시대이다.

신념지략(信念智略)과 위대한 소신의 신념 역사 전환을 발휘할 인사 민족 통일지향(統一志向) 관망이 아쉬움이다. 시대의 통일 문턱을 생각하게 한다. 그것은 바로 2018년 2월 갑자기 동계올림픽 선수 참가 김여정 대회 개최에 참가 민족화합 남북 변화에 전례 없는 현실이라는 데 공감하는 바 남북 선수단이 하키에 최선을 다하여 가며 싸웠으며 패하였더라도 서로 어울려 부둥켜안아 위로 격려하여 동족임을 확인했다 하나 언제 대결일지 누구도 말 못하는 냉혹한 관계이다.

한데 2019년 6~8월 김정은 "우리 민족끼리" 해보자. 그렇게 간곡히 했다. 심지어 문 대통령에게 남북관계에 제3자라는데 어찌해서 삼자냐? 당사자라 했다. 반문했다. 뼈대 있는 발언이다. 국제 질서 초월해서 절호 기회 개척해야 할 절호의 기회이지 않은가? 4월 27일 10시 30분경 김정은 문 대통령 판문점 시멘트 경계선 서로가 넘나들며 우리는 얼마나 분단의 참상 회한과 가슴을 뭉클하게 했다. 그리고 파란 색칠 도보다리에 둘이서 걸으며 평안한 환담 대화 장면은 전 세계의 민족 분단 현실, 우리에게 실낱같은 희망 바람 기막힌 사연 장면이다.

그해 평양에서 문 대통령 환영과 9월 19일 남북 불가침 선언 이보다 도라선역에서 북으로 철로 시공하려다 미 트럼프 제지로 중단된 상황에서 2019 제의는 도보다리 둘이서 걷기가 무색하게 한다. 냉혹히 말하여 미국이 38선 그었고, 우리는 수난으로 지냈다. 밥 먹여주지 않잖은가 한다. 그러나 1차 회담 2018년 6월 12일 싱가포르 센토사섬 미 트럼프 북 김정은 정상회담에서 잘 되어 기대했으나 2차 회담 2019년

2월 27일~28일 베트남 하노이에서 깨져버리고 말았다.

국제 실타래 하지만 트럼프에 설득나서 아니 될 때 뛰어넘어 설 정치지도자 시대 영웅이 되어야 하는 바 필요 필수조건으로 작용했어야 누가 뭐라 해도 과감히 김정은과 대화 시행에 옮겼어야 남과 북이 하나로 살길을 찾아 국제 질서를 뛰어넘어 서야 했다.(이 대통령 63년 포로 석방하듯) 참으로 역사적 기회였음이 담력이 약한 역사 위인에서 겁쟁이듯이 되어버린 바이다. 노무현 대통령이 생전이었다면 국제 질서에 자신을 불살라 죽기 아니면 살기 사즉생 죽기를 각오하여 살아나야 했다.

다음 가을 북유럽 방문길 설득 호소 기회이다. '우리는 이제 민족끼리' 가야 하겠다. 살길 찾아서 나섰다면 북유럽 국가들이 민족 분단 한 국민에 애절한 이산 대한 아픔을 통절한 심정으로 설득하여 전해야 할 것이니 귀담아 가슴이 와닿는 뭉클함을 솔직히 전해야 하며 고개가 끄덕이었을 것이다. 북유럽 국가인들을 감동시켜야 함에 입 벙끗 열지 못했다. 김정은 왜 삼자냐 반문했다. 죽던 살던 국제 질서 엉켜 대통령은 위대한 통일이던 절호 기회를 잃었다. 내가 죽어 조국에 이바지하지 못했다. 2022년 5월 9일 임기 만료로 퇴임한다.

참으로 김정은은 우리끼리 이룩하자. 그리고 공동성명 명시에 "우리끼리"라는 시행 제시되어 있다. 한국이 공동성명 이행을 유명무실해버린 격이며 북의 정은이에게 우습게 보인 바이다. 그처럼 간절히 대략

4개월쯤 간청을 했다. 트럼프 위에서 봐야 했나. 죽어 나라 통일의 지름길을 찾아야 했다. '나라면 했다.' 겁쟁이 되다. 역사 인물의 후퇴였다.

있을 수 없는 좋은 기회를 날렸다. 이제 세계 질서가 어떡해든 동족 상잔 아니 되며 민족 화해 통일 지향이 우리 과제가 되어야 한다. 지난 세대 색깔 논쟁 시대는 아무 어느 것도 얻을 수 없다. 이 관념, 아니 25년 현재로 윤석열 정권의 상호 공존 협력 발언보다 또한 국힘당의 상생 아닌 자갈 소리가 북에서 러시아 근접 상황 그리고 우크라이나 전선 지원병 상황으로 돌아갔다. 생각해 보세요? 역사는 말한다.

보람에서 산다

●

가수 진성님 비롯 4인 보여주는 손길
덜렁거리게 지내는 문짝 뜯어내

새로 고쳐 닳고 전선도 벽지 바르기
이것 저것 아니 가는 손길이 없이
연로한 노인들 도움 손길

밭에서 쟁기로 일구어 심고 세워주고
늘여놓기 김매기 소독하기 간지러운 곳
어두운 곳 보살피다 구슬땀에 범벅이 되다

우리는 어디던 갑니다
고마운 손길 아름답고 따뜻한 마음씨

너와 나

●

너와 나 우리는 한 배
함께한 지 오래다

강가에서 해변에 모래사장
둘레길에서

손잡으며 영화관에서 입맞춤했던
그때를 잊을 수 있는가?

놀이공원 아이들 손 잡아
즐거웠던 어느 날
우리에 소중한 날들의 삶이다

우정으로 사랑으로
믿음에 바탕이 돼
우리 가정에서 즐거운 삶이
건전한 사회 바탕이다

짙은 초원의 자리

●

해님이 향기 짙은 초원을
펼쳐 놓아
누구라도 사양 말고 찾아들어
맞으시라

너 나가 없이 열린 마음으로
서로가 내일의 꿈을 나뉘는
푸른 초원 자리

거리낌 없이 말해 소통하는 초원의 자리
광장을 만들자

앞날을 나눠 펼쳐 설계를 할 수 있게
생각할 초원의 자리

한국 나라

●

한국 나라를 국제사회 반열(班列)에 올리다
필즈상 수학 최고 허준 교수는 아들
환대를 받아 인천공항에 활짝 웃었다

시를 쓰려 하려다 수학을 하나 하나
지속했고 말했다
발상 싹의 착상이 하루아침 아니라는
과정과 긴 기간을 말하게 한다

"건전한 마음 즐겁게 공부하자" 제안했다
국제사회를 흥겨워 들석 들석하게 한
BTS 방탄소년단 한국을 넘어 세계 갈채
한국의 재능 역량(力量)이 자신과 투혼
한국인 특질을 보인다

음악 피아노 바이올린 활동이 어떤가?
국위 우리의 무한 잠재력 세계 톱Top이다

우리의 그 천재스러운 역량이 좋은 기후 풍토 환경 속에
생성한 산물 음식이 다양한 양념과 조물조물 조리
손끝 맛 근거한다 본다

옛부터 정치풍토 그 상투(常套)* 기질을 조화롭게
융합(融合) 화합(和合)하면 세계 최강국이 최고 확신이다
어찌해야 하는가?

---

*상투(常套) : 예사의 버릇

위(胃)는 말한다

●

메스껍고 뜰뜰한
온갖 것 말없이 받아주어
먹고 싶은 대로

그러나 제발 음주운전만은 말라
그렇게 당부했지만

술 먹고 우쭐대는 맛으로
괜찮다 으스대어 운전대 잡아
박치기 드리박아 저 가고
나 또한 가게 한다

그것뿐이냐?
남을 치어 끔찍한 못할 짓
그 죄 어찌하냐?
개만도 못한 놈

시간

●

시간은 멈추지 않는다
누구를 위하여
두둔하거나
해하지 않으며
시기하거나
미워하지 아니한다
기다려 주지 않으리

현재는 아름다움만일 수 없고
아름다움을 낳아야 하리
과거는 돌아보아 성찰하고
미래는 바라봄이다

지난날은 돌아오지 않아
교훈의 역사를 살펴야
얻어짐이 있어
다음이 새로워지게

자연의 노래
― 2011년 10월 24일

●

지난 역사를 부정하지 말라
축재나 비정상 으스대기 아니라
기회주의 더욱 아니니 간교하지 말라

삼라만상 자연 생태는 있는 그 모습 질서롭게
모두를 싫어도 미워도 괴로워도 포용하다

진정성 그 무엇과도 바꿀 수 없는 자연의 모습
그것이 참의 의미이며 인간과 공존의 가치

사람이 자기 멋대로 할 수 없느니
삶의 인생을 알아야 미래가 있다

치적에 굴임하면 대가를 치른다
굴절에서 벗어나 참의 순수에 의미를 좇아야 하리

윤석열 검찰총장

●

윤석열 전 대통령은 60년 12월생이며 광복 이전 일제 강점 만행에 대한 실사 경험을 생각할 수 없겠으며 부친이 연세대 재직 빈곤 어려움을 겪지 못한 어린 시절을 예상하게 한다. 문재인 대통령 2021년 8월 1일 검찰총장 임명 이전 당시 민주당에서는 검찰개혁 일환에서 검찰수사와 기소검찰의 막강한 권한에 분리 견해를 표방하여 왔다. 수사권 조정 고위공직자 범죄수사처 신설 검찰개혁에 국민 다수 검찰개혁을 받아들이는 상황이었다. 검수완박 검찰 수사권 완전 박탈 입법 권력형이 민생피해 법치 말살 규정이라는 견해이었다. 추미애 법무부 장관과도 불협화음이 검찰개혁에 다른 입장이 견해를 예상하게 한다. 임기 중 대구지역 총장 출장이 빈번했다.

윤 총장 저항의 수단으로 2021년 3월 총장직을 던진 바이다. 언론에는 대선주자 정치 성향 국민을 앞세워 자유민주주의 국민 보호 역설하며 국힘당에서 그야말로 직간접 지원 구애일 수밖에 문재인 정부와 의도로 보아 검찰개혁 노선이 상충적 차이였다. 언론에서 대선 발언이 세간에 주목이 되어갔다.

2021년 7월 30일 국힘당에 입당하여 11월 9일 전당대회에서 대선 선출되어 국민의힘당 대통령 후보 지명 선출된다. 민주당 이재명 후보와 0.7% 차이로 3월 9일 20대 대통령 당선돼 취임 2022년 5월 10일 2027년 5월 9일 종료 예정이다. 그러나 대통령 후보 당시 분은 놀랍고 이상한 행동이다. 대통령 국가지도의 소양에서 생각할 수 없는 발길질 주먹 어퍼컷 지도자로서 포용 관용 리더십 감정통제 자제력 아니던가? 전혀 부합되지 않은 표현으로 자만(自慢)이 지나치면 오만(傲慢)이 된다.

지도자 위상에 국태민안 소임 책임이 의문시되는 표출을 보였다. "아니다. 아니 된다." "하나 보아 열을 알 듯"하여 학교 돌담장에 이곳저곳에 "나라가 걱정됩니다" 부착했다. 미장원에 누가 부착 사실을 말한다 한다. 분은 또한 외통수 소통 부재 일관된 자신 감정 처사 조정 부재 예감과 그러므로 웃기는 바이나 당선되면 반드시 임기 마침 못 가서 중도 2년 반 만에 변고로 반드시 도중하차를 예상 예감이다.

3월 9일 20대 대통령 당선돼 취임 검찰총장에서 대통령 전환한 그분은 일본과 과거 한일 현안에 새로운 관계 개선 의지이겠다. 그러나 2011년 3월 11일 후쿠시마 원자로 대지진 사고로 1, 2, 3, 4호 냉각수 기능 중단 방사선 오염수를 해양 방류에 전례를 덮은 국민 납득 고려 없이 해산물 국민 불안감에 찬물 끼얹는 사태에 직면이다. 삼류 언놀이가 나라를 피폐(疲弊)하게 하지 않은가 한다.

대법 위안부 변상 판례를 무시하여 우리 국고비로 변상 조치에 사법과 국민 자존감에 아픈 치욕을 덧나게 하는 격이 된다. 영부인 도이치모터스 주가 관련 특검 세 차례 전례 없는 거부로 불신을 보여주는 것이 아닌가? 남북관계에서 더 대결 적대국 대상 긴장 고조 분위기로 강화되어 북한이 러시아와 더 근접 정세로 치닫는 상황에 이른 바가 된다.

　하나 2022년 10월 29일 헤밀톤 호텔 헬로윈을 즐기려던 많은 젊은 이들이 안전 관행대로 했어도 참사가 발생하지 않았을 것이라 한다. 통행 불가능 좁은 골목에 수많은 인파로 넘어지면 겹겹이 쌓여 압사 부상 통제 불가능 지옥의 죽음에 이르렀다. 사망자 195명 부상자 132명 한데 관계 장관 해임은커녕 비호에 대통령 대국민 사과 없이 지나니 자유민주주의 의도 무엇이며 정부가 누구를 위한 집권이며 그 같은 사과 없이 슬픈 유족 가슴에 또 다른 못질이 아닌가? 국무위원 국민의힘당이 대통령에 아픈 사과 조언을 당부했어야 하지 않은가? 없는 사태에 입이 열이라도 할 말을 잃지 않은가 한다.

　채상병 7월 홍수 죽음에 진상조사 위한 특검을 수차례 거부, 국민 감정에 반하지 않은가? 여론조사 대부분 60% 이상이다. 2024년 12월 3일 10시 28분 발언 비열한 반종북세력 저지하려 종북세력 척결을 위해 계엄을 선포한다. 민주당 이재명 당대표는 TV에서 "국민 여러분 국회로 가십시오." 반복하며 저도 가겠습니다. 무장 군인이 국회 진입 복도 소화기 분사 유리창 부서지고 의사당 마당 헬리콥터 3대 착륙 중앙선거관리위원회 복도 무장 군인 믿기지 않은 현실이 아비규환이다.

다음날 새벽 4시 27분 국회 계엄해제 군인 철수 한숨 돌린 급박한 사태였다.

2024년 12월 14일 밤 재적 300명 중 탄핵 찬성 204명 부 85명 기권 3명 무효 8명 탄핵된다. 2월 25일 11차 변론 기일 걸쳐 헌재 선고일을 애타게 인용 각하 기각 기다렸다. 2024년 12월 10일 내란 우두머리 혐의로 국방장관 김용현 적시하였다. 공수처 여러 차례 발부 시도 끝에 서부지법 영장 발부 받아 2025년 1월 19일 오전 10시 33분 한남동 관저에서 체포하여 11시간 조사 거부 시간 8시간 20분 의왕시 서울구치소에 수감되었다. 그 후 52일 만에 2025년 3월 8일 오후 5시 40분 석방되었다. 그리고 변론 기일 출석한다.

헌재는 경고성 계엄이란 없다.
국회 심의 결정권 불체포특권 침해했다.
정치적 제도적 사법적 위반이 아니다.
계엄을 질서유지 받아지지 않았다.
국회를 협치 대상으로 보아 존중하여야 한다.
대결의 장으로 있는 것은 아니다.
독립기관인 중앙선거관리위원회 영장 없이 침입은 위헌
대통령 파면이 국가에 이익이 크다.
헌법재판관 전원일치 2025년 4월 4일 11시 20분 대통령 윤석열을 파면한다.

"이것은 무엇인가? 벌거숭이 임금님이 골방에서 뒹글으니 체통을 생각하는가? 뺑뺑이 돌다가 가신 분이 한두 분인가? 참 개탄스럽지 않은가?"

국힘당 지도부가 그처럼 세상 보이지 않은가? 김 여사 주가조작 여론조사 국민 특검 70% 이상 정치 수준이 그 정도 국민에게 눈 귀 입이 없었다. 매달리어 탁류 흙물 진하게 되어가는 것을 게다가 변화시킬 길을 외면하고 정신 잃은 사람들(유치원 놀이) 탁류를 방조 조력하는 바 아닌가? 일면 윤 대통령의 성품으로 감히 받아들일 품성인가? 그렇다면 국가의 손실 운명적 한국 정치사에 불운이 되겠다.

우리의 자산(資産)의 산실로

프랑스 한 여성과 러시아 승무원이 말하기를 프랑스 여성 여행객이 어느 나라를 가야 할까 생각하던 중 가족 아이들이 한국을 추천했는데 한국이란 나라는 전쟁에 폐허 복구되는 아시아권에 작은 나라 그리고 러시아 승무원이 한국에 48시간 머무는데 한국 하면 생각나는 것이 강남스타일 정도로 알았다 한다. 프랑스 여인이 한국을 선택하여 출국하여 인천공항에 이르러 첫발을 들여 화물을 찾는데 다른 나라에서 30분 이상 걸리는데 바로 찾는데 놀랐다. 정비된 공항 수속도 바로 끝마쳐 버스를 타고 서울로 향하는데 정비된 창밖 좋았으며 서울 뚝섬 이르렀는데 어린이가 아무런 거침없이 혼자 길을 다니어 놀랐다. 감히 생각 못하는 광경을 직면했다.

여관에 들어서 맞아주는 느낌이 있는 그대로 짐을 챙겨 맞아주는 친절에 생각 외의 느낄 수 없는 따뜻한 친절에 놀랐다. 그런데 러시아 승무원 역시 바로 자기 소지품을 자동 시스템으로 바로 찾아 갖게 되어 놀랐으며 좋은 인상에서 여관에 이르니 친절한 대우에 놀랐다 한다.

삼겹살에 쌈장을 먹는데 새콤달콤 처음 먹는 입맛인데 매워서 눈물이 흘러나니 주인아주머니가 우유를 주고 단무지로 가시게 친절하게 배려한 데 인상 깊게 정감 경험을 했다. 한국이 깊게 느낌을 받아 기념으로 열쇠고리를 샀다. 인천공항으로 돌아와 한국을 생각하며 호로루르로 가면서 기내에서 열쇠고리에 한국 감정을 생각하며 살펴보는 러시아 승무원이 다음 다시 가고 싶은 한국이라 한다.

프랑스 여행객은 한국에 머물러 동우회 배구운동을 즐겨 머물면서 어린아이들이 마음껏 자유롭게 활동하며 거리를 다니니 마냥 자연스럽고 행복하여 보였다. 그는 한국에 여행지로 선택한 것이 후회 없이 다시 오고픈 나라 돌아가서 아이들에게 말하고 싶다고 한다. 이는 우리의 선대의 뿌리 깊은 정의적 상부상조 아름다운 고유의 우리의 전통문화에 우리들이 그 자손의 순순한 정의감 민족 후손이었기에 그 뿌리에 비롯한 한국인의 자산을 외국인에 우리의 선한 순수한 그대로 베풀어 한국을 다시 찾고 싶은 국민 자산으로 발전하여 길들여 자랑합시다.

이태원 참사

●

즐기려 쫓았던 발길이
어이없이 허물어져
깜깜히 허망 속에
이유 없이
죽어야 하는가?

생지옥 죽음이었나
이태원 골목길
서울의 수도인가?

가슴이 복받치어 소리쳐
울고 통곡했지만 돌아오는 것
허무더라

둘러봐도 죽음에
이름 석 자뿐이더라

제21대 대통령 이재명

●

    탄핵 정국 이후 2025년 4월 8일 국무회의가 6월 3일 선거일과 5월 29일 30일 사전투표 오전 6시~오후 6시 시행하게 되었다. 더불어민주당 경선 거쳐 이재명 후보와 국힘당 김문수는 경선을 거쳐 지명되었던 바 국무총리 한덕수가 대선에 뛰어들어 여론조사에 한덕수가 앞서 당 지도부에서 한덕수를 추천 기류에 6일 정도 갈등이었으나 최종 김문수 후보로 낙점하고 개혁신당 이준석 후보 노동당 권영국 후보 송진호 후보로 22일간 유세 기간을 거쳐 1번 이재명 후보 49.42% 역대 최대 득표 2번 김문수 41.15% 4번 이준석 8.34% 5번 권영국 0.95% 기호 8번 송진호 0.10% 11시 무렵 민주당 이재명 후보 당선 유력 12시 지나 당선 확실시 압승이 발표이다. 날이 밝기 전 새벽 어두운 밤 인천 계양 자택에서 집을 나섰다. 21대 대통령 6월 4일 현충원 참배 방명록에 국민이 주인인 나라 국민이 행복한 나라 국민과 함께 만들겠습니다.

국회 선서식 후 국민께 드리는 글

    시급한 민생 경제회복을 위한 TFtask force를 착수하여 마중물로 추경 30조 규모 필요, 국가 경쟁력 발전을 위한 AI 산업 강국 연구 개발 강화 확대, 국민이 주권자이며 모든 국민의 대통령으로 살펴갈 것입니다. 허물어진 경제 피폐화된 국민 삶을 회복을 위해 살피겠습니다. 박정희 김대중 대통령의 바람직한 정책을 수용하여 반영하며 호남 재생에너지 단지와 고속도로 지대에 재생에너지 생산지역 설치, 동맹관계 기조에서 남북관계 변화와 대화 싸우지 않고 이겨 안정이 경제 발전 기대할 수 있다. 문화 강국 경제력 인용으로 선도하는 국가 발전을 선언하였다.

남북관계는 정권에 따라 개선하는가 불화인가를 역력히 찾아볼 수 있다. 2024년 지나면서 더욱이 북한이 우리에게 주적이란 적대시하는 등 우크라이나와 러시아전에 러시아 지원병 죽음에 내모는 밀착관계가 되어 김여정은 2025년 7월 30일 마주 앉는 일 없다. 한국 측은 또다시 그래도 관계 개선 여정을 모색하는 방향을 지향한다.

알아야 한다. 민족의 뿌리 조상을 부정하는 권력 정권 유지에 자유 평등 인권 인간 존엄 가족관계가 무시된 채 권력 통치 우상화 위한 허깨비 꼭둑각시 놀이로 한국의 동족 혈육 민족을 잃어버려서는 언젠가 무너지는 날이 온다. 사람 산다는 것이 사는 게 아니다. 알아야 한다.

"국방 보안은 우리 자신이 지킬 방위이며 세계에서 우리의 자랑하는 화력이나 더욱 다양한 성능의 탁월한 각종 무기체계 개발"이다.

우리의 바람

한국의 예술 문화 체육을 연구 개발 성장시키어 경제성장 발전 동력의 발전에 밑바탕 틀에서 한국의 기후조건 아름다운 나라 배경으로 관광산업에 연계해 일자리 창출 편하게 먹고 쉬고 즐기는 국제사회가 한류에 으뜸 국가 인식되게 국민적 통합체제를 갖추어 우리는 불순한 행동을 경계하여 우리의 친절을 자원으로 삼아 선진문화 강국 한국을 이룩하는 것이다. 결국 북한을 잡는 계기가 되는 바이다.

열광의 벽돌 열대야 8월 중순 처서를 지나 월말이면 팍 신팍신한 햇고구마 잊혀지지 않은 청사과 포도 백도 시 장에 들어선다. 오곡들이 알알이 여물어 가기에 황금 햇 살이 9월 중순 아침저녁 선선해지기 마련이다. 어디서 어떻게 먹고 지냈는가? 가을 상차림 귀뚜라미 소리를 듣게 된다. 처서를 지나 9월 중순 무렵부터 10월 중순 사 이 우리의 고유 명절 추석을 맞다. 우리는 주변 환경에 서정의 문턱 느끼게 한다. 그 사이 밤나무에 여문 밤송이 입을 딱 벌린 채 밤알이 햇밤요 햇밤이 유혹한다. 들녘에 는 고개 숙인 벼들이 누르스름하게 여물어가 황금물결 이 출렁이어 살갗을 스치는 바람이 상징적인 가을을 느 끼게 한다.

제3장

가을

결실 시기 – 인생 황금 시기

자연의 서정

●

빨랫줄 옹기종기 대여섯 마리 지저귀기도 했는데
선선한 바람이 전선 따라 무리 지어 까맣게 앉다
누가 떠나가라 했나?
그렇다. 벌레나 곤충만을 먹는 습성

겨울에 멍석딸기가 어디 있어?
익조(益鳥)이다
하나가 날으니 치솟아 올라 차공을 덮어 활공한다
어느 날 이윽고 떠나간 자리
전선은 쓸쓸히 울고 있는 듯하다!
'익어가는 벼가 봄이 있다고!'

어느새 기우러진 햇볕에 하얀 박이 뒹굴어
익어간다
콩깨비 영그는 마당에 햇살은 기울어 가니
손이 열이라도 모자랄 날들이다

주위에는 한여름에 파란 잎 사이

엄마한테 기대어 먹고 자라

빨간 꽃덩이 되다

뜰뜰한 갈색 도토리묵 상콤한 대추맛

새콤 달콤 진열장 골목시장에

계절의 시기를 새롭게 보여주다

베푼 자연의 힘 축제와 감사로 경건하게 해야 하겠다

계절이 말하다

●

1965년대 11월 초에 보리 싹이 5.6cm 자랐을 때 나뭇잎이 다 떨어지어 버스럭할 때 탈곡과 볏단 끄들이는 데 여념이 없었으며 가을이 무르익어 가 어수선한 시기 얼음이 얼었는데 2024년 10월 경우 어떠했는가? 더위에 시달리는 기후변화 30도 더위에 지칠 지경이었다.

우리 주변에 바다 물고기 아열대 지방 고기가 나타난다는 보도이다. 과일나무 역시 품종 개량의 소리가 들리고 있다. 이전만 하여도 11월 중순 눈비 찬바람에 웅크리고 덜덜하였고 들에 무 배추가 김장독 찾아가기를 고대하던 시기 배추 꼬리 고구마는 겨울 긴긴밤 출출할 때 아쉬운 입맛을 달래주는 정겨운 먹거리였다.

강원 산간 아니고는 내륙에 아무렇지 않으니 온난화는 심한 바이다. 그러나 김장 준비는 옛날 큰 독항아리 가득히 채워 겨울나기라면 현재 독을 채우는데 영업업소 아니고 옛이야기가 된다. 삶의 질이 변하여 가니 입맛이 달라지어 가겠다. 변화하지 않은 것이 정체되어 있는 것 정체는 소통이 없다는 발전할 수 없는 것 아니인가?

회상하여 보아 지난 시절 탈곡이 끝나 지붕 영 엮어 두르면 한 해가

가는 일손, 대청에 주렁주렁 매달린 메주 그리고 시루떡 절구질 한나절 지나도록 체로 치며 오순도순 절구질 절국땡이 끝에 마음꽃이 서린 김이 피어오른 돌려박이 가을떡이다.

고향
- 1963년 5월 9일

●

모래톱 위
웃지 못한 버들강아지

물은 조잘대어
가요 가요 흐르다

냉기 속 따스한 햇살이
노랑 물 붉게 물들여
우리의 봄을 짙게 하여라

긴 머리 실버들
하늘거리는 냇가를 수놓다

종소리 울리는 마을
버들피리 와글려도
상긋한 소리로
뻐꾸기 꾀꼬리 푸른 녹음 속을 휘저어
밀보리 익어갈 제

푸르른 실록 보릿고개 입맛

우랑탕 불볕 쏟아져 간 후

녹두 고추 멍석

저녁 해가 바쁘다

기러기 북에서 오다
- 1975년 10월 17일

●

어느 날 콩털이 정리하고 나니
하늘 높이 기럭기럭 장엄한

형을 띄우며 날아가는 형태
뒤에서 그대로이 반복한다

서로가 힘을 돋우는 격려 소리
복창의 소리가 지혜로운 소리로 들린다

먼 거리 날아오기 무참히 힘들 터인데
먹이는 어떻게 했을까?

바람결에
– 1975년 10월 중순

●

해는 늬엇늬엇
수수대 잎
그려놓은 점박이 무늬

날리는 잎 바람결에
나부끼어
속삭이어 지껄이다

숙여지어 흔들거리는 덩이 송이
알차게 무게를 싣는데

주위 단풍 든 잎풀이
지–는 여름을 아쉬워하니

날씨 서글퍼 하여
찬 바람이
서리를 부르려 하네

사색의 계절
- 1966년 10월 27일

●

가을 전령 사라지니
기러기 날아가는 소리
낙엽이 한 잎 한 잎 또 한 잎
떨어져 지고 또 떨어져 가는데

탈곡 소리일 때
뒷산에 부엉이 너는 왜 이때
사무치는 소리더냐

우수수
쓸쓸히 낙엽 날리는 소리
오롯이* 이 밤을 깊게 하는구나!

날려 떨어지는 가냘픈 낙엽 소리
자연 풍치에 깊은 고요 심미감에
사색에 빠지게 한다

———————

*오롯이 : 고요하고 쓸쓸하게

아침의 고요
- 2014년 10월 30일

●

굽이굽이 돌고 돌아 달려 이르러니
노랑 보라 빨강 피어난 국화가
눈길을 새롭게 끌어당긴다

안개 구름이 산허리 중턱 휘감아
훼쳐져 피어올라 사라지니
휘날리는 구름 속에 선녀가
맑고 깨끗한 봉우리에 서려 구름 타
고요의 나래를 피어올라 장관이다!

산봉우리 아래 국화 물결
언덕을 새록새록 어울리게 하여
색상 꽃송이 아름다운 조화물로
아침의 고요에 언덕을
수놓아 보이어

아니 왔더라면 아름다운 물든 국화를
고요의 언덕을 묻힐 뻔할 것을
마냥 고요로 빠져 젖게 한다

창문에 영상
- 2020년 10월 중순

●

쉬잉~ 잉 화르륵 와들짝
눈을 뜨게 해
늦은 밤 세찬 바람
창문에 비친 나뭇가지 잎
장롱에 기댄 채 다리를 끌고

흔들흔들 출렁출렁 멋대로
숙이어 인사하며 손짓해 오라 한다

연속하여 출렁이가 흔들이
흔들흔들 가라앉아 살살로
살짝 나비 날개를 폈다
접어 사라진다

나비 날개! 환상이
기다려도 고대해도 오지 않는다
또 다른 늦은 밤 출렁이 흔들이 왔으나
나타-나지 않고 세 번 지나

이윽고 바람과 함께 떠나가는

길목에서 서정의 창문 그림자

영상의 안위였다

가을의 햇빛

●

찬 바람이 불어와
옷 속에 스며들어
추운 겨울 생각이 떠오르다

햇빛이 서쪽 하늘에 기울어져
느슨하고 힘없어 보이는 햇살이니
푸르고 검푸른 잎들은
어찌하려 하라고

월정사 앞에서
- 1999년 10월 하순

●

단풍 물결이 줄줄 흘러내리다
번쩍이듯 윤기가 흐른다

발길에 감도는 "바삭" 소리
주위 펼쳐진 물든 그림
소리 없이 날리어 떨어지는 잎
나무숲 단장(丹粧) 사이
날리는 가을잎

곱게 피어난 물든 잎
밝은 윤기 푸른 소나무

대웅전 근처 접어들어
삼계(三界)* 번뇌(煩惱) 파도성(破刀聲)**
들리는 것 같다

―――――――

*삼계(三界) : 천계, 지계, 인계 – 중생이 사는 세계

**파도성(破刀聲) : 번뇌를 없게 하는 소리

깊은 자연의 아름다움에 감싸이여

수도(修道)를 그려보다

갈대
– 2022년 9월 중순

●

손짓하여 부르고 있다
간절히 부른다

쓔우! 소리를 친다

마음을 담아
손짓하는데!
가여워 보이다

그 뉘 없-소-요? 없어…
세상
모질구면 모질어!

갈대 순정

엊그제
- 2021년 3월 5일

●

해 바뀜으로 지나가
곱고 아름다웠던 시절
헤아려 보아도

투명하게 반사돼
지난날들의 삶이 벅차오름이
엊그제 같은데

그날들이 지어진 아이들
돌아오지 않는 날들!

시간이 가고 다가오는 날
보람을 위해
현재 시간의 의미를 찾아
내일을 바라보다

구름이 흘러가고 사람도 흘러가니?

가는 세월
– 2024년 8월 5일

●

어디선가 들려오는 소리
바람 타고 흘러가니
은은히 사라져 가네

부풀러 오르는
뭉실구름
둥실 뭉글 피어올라

어느 것 흘러가며
점차 살아지니

저 구름 가는 곳 어디인가
가는 세월 잡을 수 있나?

시공간

●

은하계 우주 공간이
주체(主體)요
생명체가 객(客)이다

인간이 머무는 시점이 백년
주체는 영원하다

자연은 순수하고 사악 없이
베풀어 주어
인간에게 善과 사악(邪惡)*
사악(肆惡)** 있어
위대한 베풂과 너그러운 포용이다

사람은 자연 속에
베풂에 살다가

---

*사악(邪惡) : 도리에 어긋나고 악독함

**사악(肆惡) : 타고난 악한 성질, 함부로 부림

자연으로 돌아간다

분명하다 우주는 영원불멸
"사람답게 살다 가라" 하지 않은가 한다

일이 삶이다
– 2017년 8월

●

먹고 잠자며 숨 쉬는 것이
밥 앞에 부끄럼
없어야 한다는 생각이다

밤낮 가리지 않은
일하는 분들 자기만 위한 일인가?

일하는 것 산다는 것 어떻게 해야
세상을 괴롭히어 불안하게 하는
좀벌레 인간 지나친 탐욕
먹을 가치가 있나?
가히 국가를 갉아먹는 자들

일할 수 있다면 늙어서
삶의 의미 체력이다
체력이 건강
일이 善의 의미

솔밭길
- 2016년 11월 3일

●

걸었던 솔밭 길
바람 스쳐 지나가는 나무 사이
흔들려 휘~이 솔바람 소리

속삭이듯 귀갓에
애정이 뭉쳐 들리어 온다

우리 둘이서
가벼운 솔향기 피어나는 눈발

송진 내 바람소리 향기
즐기어 걸었던 솔밭 숲
눈발 날리는 날 함께 솔밭 길
그처럼 걸어볼 날?
그려본다

살라리아 실예리아
– 2021년 3월 11일

●

살래리아 살래리아
실예리아 실예리아

창안하여 고안하여
새롭게 변화하여
살길이라

살래리아 실예리아
살라리아 실예리아

협상과 타협으로
조화와 융합으로
우리는 화합으로 하나 되자

살래리아 실예리아
실라리아 실라리아

꿈결에

아는 날
- 2024년 6월 3일

●

밝고 은은히
곱고 환하게 웃는
눈길을 끌게 화사하게 보여주어

날이 가고 시일이 가 영영
그대로였으면

너의 가는 시간을
아는가?

너와 이야기 나누었던 시간
좋았는데
언젠가 너는 너를 아는 날

심오(深奧)[*] 있게 하여라

---

*심오(深奧) : 깊고 고요함

노을 보며
- 2022년 8월 13일

●

물들여진 하늘 너머
해님이 웃으며 숨어들어
황홀한 노을을 이룬다

황혼 속 노을
아름다움에 물들어
황혼과 노을을 그려보게 한다

황혼이 아쉬움인가 서글픔인가?
살아온 삶을 생각하니
베풂 내놓지 못한 생각이 든다

황혼에 노을을 바라보며
사람에 삶…?

"초록 우산"을!

소슬바람
- 2000년 10월 중순

●

세차게 나뭇가지를 흔들어 스치어 가
가지는 잡아본들 떠나야 하니
흩어지고 나부끼어 어수선히 굴러가다
외롭고 쓸쓸히 굴러 흩어지다

햇살에 초연히 한 시기 묵묵히
숨 쉬어 자릿값 하다 보니
이별의 헤어질 아쉬움 이르다

애처롭게 떠나 홀연히 흩어지니
그들이 가다가 멈추는 자리 집이다
애석하다 세상을 이끌었는데!

새 맑은 소리
– 2025년 5월 4일

●

고추밭 풀 뽑는데
할아버지 진지 잡수세요
손녀의 목소리
삶이 녹아 나오는 소리로 들린다

다가선 손녀
밝은 햇살
마음 가득히

손잡은 손녀
인생에 삶 보람되다

자연 산물(産物)의 가치

●

지구상에 자생하고 있는
자연의 모든 생태계에 생체는 인간에게
엄숙히 말없이 해마다 베풀어 주며

숙연히 혜택이나 생색내기 따위 없이
초연히 생명을 보호 간직하여
인간에게 터와 환경을 살아가기를 감싸아 주어
가을, 결실, 공기, 해, 물
자연의 산물을 생성하여 이르니

그 가치를 알아
우리는 경건한 정신 자세로 살아가야 하겠다

자연 모두 결실을 맺어 떨어지고 수목과 나무는 뿌리가
더 뻗어가거나 굴러지는 형태는 식물 특성에 다르겠으
며 줄기 또한 부름켜 자람이며 떨어지지 않는 침엽수는
봄 5월경에 소나무 향나무 주욱 떨어진다. 활엽수는 가
을 떨어지는 것이 상례이나 2024년 12월까지 이른다.
그러하듯 자연의 한해살이 식물들은 열매 줄기 잎 뿌리
는 사람에게 오곡에서 보여주듯 약제 먹잇감으로 내놓
아 주는 한편 여러해살이는 뿌리가 안으로 굵어지어 추
운 겨울 에너지를 땅속에서 생명력을 축적하여 다음 봄
을 기다리기도 한다.

사람이 노쇠하여 일하기 힘든 나이 기력이 쇠진(衰盡)하
여 일할 수 있으면 건강 기력을 위하여 일하는 것이 바람
직하다. 그러나 자연과 다를 바 없어 할 일을 다 하여 일
할 수 없거나 병약하여 미력(微力)하여 잠드는 시기 눈
이 오네 시감편으로 끝맺습니다.

제4장

겨울

잠자는 시기 – 잠든 시기

눈이 오네

●

눈이 오네
눈이 내리네

들에도 산에도 소리 없이
조용히 내리고 있네
길 건너 저 먼 산이 뿌옇게 보이네

눈꽃이 피어오르면
하얀 세상 아름다움이 되네

모두를 포근히 덮어
깊은 잠을 잠들게 하다

첫눈
- 1919년 11월

●

소리치고
재갈 재갈 떠드는 소리
시끄럽지 않아

그렇게 재미있게
재잘대는 소리 재미 있어라

운동장이 흥미에 가득 차진다
떠들썩하다
즐거움을 선사한다

엄동설한

− 1968년 1월 중순

●

세찬 찬바람이 스치어 가니

추위는 더하다

들과 산에 하얗게 덮인 눈살이

바람에 휘날려지다

잠들어 있는가 하여 보면

땅겉이 꽝꽝 어름 바닥

속에는 생명이 숨 쉬고 있다

풀잎 이슬
- 1917년 7월 4일

●

空手來 空手去(공수래 공수거)
빈손으로 왔다가 빈손으로 가다

人生事 如浮雲(인생사 여부운)
사람의 생애는 떠다니는 구름 같고

人生後 野山地(인생후 야산지)
사람이 세상을 떠나서 들녘이나 산에

成墳土 月黃魂(성분토 월황혼)
봉분이 쌓여 이루니 봉분 위에 달빛이
잠든 영혼을 어루어 비춰주네!

겨울의 미풍

●

뜨끈한 국물
따끈한 출근길 커피 한 잔
따뜻한 훈기에 추위를 녹이다

가는 길 풍기는 향기에 취해
붕어빵 군고구마 군밤이
몰락 몰락 피어 나는 달큰한 내음
겨울 맛을 맞이한다

핑크 노이즈

●

우리 뇌를 안정과 평안감 주는 소리
바람이 스치는 소리
물이 흘러가는 소리

솔바람 소리 – 소나무 바람 소리
바다 소리 – 바다 위 바람 소리
스쳐 가는 비 오는 소리

뻐꾸기 소리
다른 새소리
자장가 소리

물레방아 낙수 소리

떠나가더라도

●

들끓었던 열기와 비바람이
온 천지를 무성히 푸르게
달궜는데
간데없이 사라진 것들

떠나간 나뭇가지
나이테를 그리느냐

눈바람 스치는 소리
추위를 더하여도
하얗게 눈이 천지를 잠들데 하여도
다음 해 새싹이 보일 게다

윤회(輪廻)

●

천상계 창공(蒼空)에 반짝이는
성좌(星座)들이 속삭이어

인간 선행(善行)이 아름다움으로 돌아가
웃음의 행복이 되어가기를 빌어

이뤄지게 살다가 영혼이 육체 함께 멸하지 않고
상시 무중으로 생사를 거듭하나이다

그러나 인간 세계에서 악덕자 살상자
지대한 탐욕자는 이 경지를 떠나

윤회하지 못하느니
하여 감옥에서 수행하여야 하느니라

해넘이
– 2020년 12월 31일

●

서쪽 하늘 산등성이 노을 지으며
한 해 마지막 황혼이 물들이다

기원하는 마음 한 해를 정리하여
길복(吉福)을 빌며 흉화(凶禍)를
털어 해넘이 묻어가기를 기원한다

거리에 점등과 추리 반짝이는 빛
한복을 곱게 차린 앳된 두 소녀가
손잡아 날리는 눈방울 사이 걷고 있다

나뭇가지에 수놓은 아름다운
줄기찬 가로수에 한 해를 보내어
새해맞이 축복 불꽃이 반짝이어 빌다

꾸러미를 든 중년 신사가 발길을 재촉한다
해넘이에서 새해 복된 또 한 해를 비는
산등성이 갈림길에서 기원하니!

윤병영 선생님께

신록이 아름다운 5월은 어버이와 스승의 큰 은혜에 감사드리고 가정과 교육의 소중함을 거듭 확인하는 달입니다. 이 아름다운 계절을 맞아, 교육 일선에서 사랑과 정성으로 학생들을 지도하시는 선생님께 감사와 격려의 말씀을 드립니다.

우리나라는 예로부터 스승을 부모처럼 공경하고 교육을 매우 중요시하는 자랑스런 문화전통을 가지고 있습니다. 우리나라가 불과 한 세대 만에 산업화와 민주화를 성공적으로 이룩하여 세계에 당당한 나라를 만들 수 있었던 원동력은 두말할 것도 없이 교육에서 나왔다고 믿습니다.

모든 것이 어려웠던 시대에 끝까지 교단을 지키며 나라의 인재를 키우신 교육자 여러분은 오늘의 한국을 건설하는 데 누구보다도 큰 기여를 하신 것입니다. 세계화와 정보화 시대를 맞아 나라의 장래를 개척해 나가는 교육의 역할은 더욱 중요해졌습니다.

저는 대통령 후보 시절부터 교육의 중요성을 강조하고 '교육 대통령'이 되겠다고 공약을 했으며, 이 약속을 지키기 위해 최선을 다하고 있습니다. 이에 따라 교육 재정을 98년까지 GNP 5% 수준까지 늘려

나가겠다는 공약을 실천에 옮기고 있으며, 광범위한 교육개혁을 추진하고 있습니다.

교육개혁의 목표는 21세기 통일한국을 이끌어 나갈 국제경쟁력이 있는 인재를 키워내는 것입니다.

대통령 **김영삼**